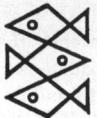

Über dieses Buch Sigmund Freud war ein Briefschreiber von seltener Gewissenhaftigkeit und ungewöhnlicher Produktivität. Allein die Briefe, die er während der vierjährigen Verlobungszeit an seine Braut Martha Bernays richtete, sind beeindruckende Zeugnisse seines Bedürfnisses, aber auch seiner Fähigkeit, sich mitzuteilen. In diesen Briefen, aus denen der Sohn Sigmund Freuds die wichtigsten ausgewählt hat, äußert Freud nicht nur zärtliche und fürsorgliche Liebe, sondern spricht auch über seine wissenschaftliche Arbeit und erläutert in leicht verständlicher Weise schwierige Zusammenhänge. So sind diese Zeugnisse einer Liebe zugleich auch ein Zugang zu den frühen Forschungen Freuds.

Der Autor Sigmund Freud, geb. am 6. Mai 1856 in Freiberg (Pribor/Mähren). Wichtigste Phasen seiner Biographie: Schulzeit in einem Wiener Gymnasium; Studium an der vom Positivismus geprägten, weithin berühmten Wiener Medizinischen Schule; Entdeckung der Psychopathologie unter dem Einfluß des großen Neuropathologen Jean-Martin Charcot in Paris; Beschäftigung mit Hysterie und anderen Neurosenformen in der eigenen Arztpraxis; Begründung und Fortentwicklung der Psychoanalyse als Behandlungs- und Forschungsmethode sowie als systematische Psychologie; Ausbreitung der Lehre mit ihren klinischen und außerklinischen Anwendungsgebieten; Abfall einzelner Schüler, Anfeindungen und schließlich Anerkennung; politische Verfolgung mit Emigration nach London 1938, wo er 1939 starb.

Von Sigmund Freud erschienen folgende Fischer Taschenbücher: ›Eine Kindheitserinnerung des Leonardo da Vinci‹ (Bd. 5705); ›Studien über Hysterie‹ (zusammen mit Josef Breuer) (Bd. 6001); ›Darstellungen von Psychoanalyse‹ (Bd. 6016); ›Abriß der Psychoanalyse/Das Unbehagen in der Kultur‹ (Bd. 6043); ›Totem und Tabu‹ (Bd. 6053); ›Massenpsychologie und Ich-Analyse‹ (Bd. 6054); ›Über Träume und Traumdeutung‹ (Bd. 6073); ›Zur Psychopathologie des Alltagslebens‹ (Bd. 6079); ›Der Witz und seine Beziehung zum Unbewußten‹ (Bd. 6083); ›»Selbstdarstellung«, Schriften zur Geschichte der Psychoanalyse‹ (Bd. 6096); ›Der Wahn und die Träume in W. Jensens »Gradiva«‹ mit dem Text der Erzählung von Wilhelm Jensen (Bd. 6172); ›Der Mann Moses und die monotheistische Religion‹ (Bd. 6300); ›Die Traumdeutung‹ (Bd. 6344); ›Vorlesungen zur Einführung in die Psychoanalyse‹ (Bd. 6348); ›Neue Folge der Vorlesungen zur Einführung in die Psychoanalyse‹ (Bd. 6390); ›Das Ich und das Es und andere metapsychologische Schriften‹ (Bd. 6394); ›Analyse der Phobie eines fünfjährigen Knaben‹ (Bd. 6715); ›Beiträge zur Psychologie des Liebeslebens und andere Schriften‹ (Bd. 6732); ›Bruchstück einer Hysterie-Analyse‹ (Bd. 6736); ›Zwei Falldarstellungen. Der Rattenmann/Der Fall Schreber‹ (Bd. 6745); Sigmund Freud/C. G. Jung, ›Briefwechsel‹ (Bd. 6775); ›Hemmung, Symptom und Angst‹ (Bd. 6734).

Eine umfassende Darstellung findet sich in Marthe Robert, ›Die Revolution der Psychoanalyse. Leben und Wirken von Sigmund Freud‹ (Bd. 6787). Eine Einführung in die Terminologie und Theoriebildung von Freud bietet Humberto Nagera (Hg.), ›Psychoanalytische Grundbegriffe‹ (Bd. 42288).

Sigmund Freud
Brautbriefe

Briefe an Martha Bernays
aus den Jahren 1882 bis 1886

Ausgewählt, herausgegeben
und mit einem Vorwort versehen
von Ernst L. Freud

Fischer Taschenbuch Verlag

Ungekürzte Originalausgabe
Veröffentlicht in der Fischer Taschenbuch Verlag GmbH,
Frankfurt am Main, Januar 1988

Die Auswahl der Briefe wurde gemeinsam mit Ernst L. Freud
aus dem Band »Sigmund Freud, Briefe 1937–1939« vorgenommen
Die Veröffentlichung der Briefe erfolgte mit freundlicher
Genehmigung des S. Fischer Verlages GmbH, Frankfurt am Main
© Sigmund Freud Copyrights Ltd., London 1960
Umschlaggestaltung: Jan Buchholz / Reni Hinsch
Gesamtherstellung: Clausen & Bosse, Leck
Printed in Germany
ISBN-3-596-26733-1

Inhalt

Vorwort

Um die Gestalt eines Menschen zu erkennen, der keine wirkliche Autobiographie hinterlassen hat und nichts dazu getan hat, seinen Biographen ihre Aufgabe zu erleichtern, gewinnen tagebuchartige Berichte seines Lebens und seiner Arbeit, wie Sigmund Freud sie jahrelang an seine Verlobte schrieb, eine ganz besondere Bedeutung.

Wir wissen aus seinen Briefen, daß der Gedanke an seine zukünftigen Biographen Sigmund Freud zu allen Zeiten seines Lebens unwillkommen war. Seine ›Selbstdarstellung‹ ist unpersönlich und genaugenommen die Geschichte seines Werkes. Die für die ›Traumdeutung‹ nötigen persönlichen Enthüllungen bedeuteten für ihn ein schweres, der wissenschaftlichen Arbeit gebrachtes Opfer. Was darüber hinaus von seinen Gedanken, Gefühlen und Erlebnissen dem lesenden Publikum zugänglich geworden ist, stammt ausschließlich aus der großen Anzahl seiner Briefe.

Der hier vorliegende Band enthält eine Auswahl der inhalts- und gedankenreichen Briefe, die Freud durch mehr als vier Jahre seiner Braut schrieb. Sie machen es dem Leser möglich, jenen für Sigmund Freuds privates und wissenschaftliches Schicksal entscheidenden Lebensabschnitt mitzuerleben.

Die Verlobung, mit der die Brautbriefe ihren Anfang nehmen, geschah im Juni 1882, zwei Monate nach der ersten Begegnung des Paares in Wien. Freud stand im 26. Lebensjahr, er war wissenschaftlicher Arbeiter im physiologischen Institut von Professor Ernst v. Brücke, unter dem ihm befreundeten und von ihm bewunderten Ernst v. Fleischl-Marxow. Seine Verlobung veranlaßte ihn, seine theoretische Karriere aufzugeben – von deren wirtschaftlicher Aussichtslosigkeit Brücke selbst ihn überzeugte – und als Aspirant in die Praxis des Allgemeinen Krankenhauses einzutreten.

Die Braut, Martha Bernays, zur Zeit der Verlobung fast 21 Jahre alt, entstammt einer nicht unbedeutenden Familie aus Wandsbek bei Hamburg. Ihr Großvater Isaac (Chacham) Bernays war ein hervorragender Rabbiner der Stadt Hamburg. Die beiden Brüder ihres Vaters sind bedeutende Figuren in der Kulturgeschichte Deutschlands. Der eine, Michael Bernays, war Universitätsprofessor der Germanistik in München und

Goetheforscher, der andere, Jakob Bernays, Universitätsprofessor in Bonn und ein bedeutender Altphilologe. Marthas Familie übersiedelte im Jahr 1869 von Wandsbek nach Wien, wo ihr Vater als Sekretär des Nationalökonomen Lorenz von Stein arbeitete. Nach ihres Vaters Tod im Jahre 1879 lebte sie in bescheidenen Verhältnissen mit der Mutter, der um 4 Jahre jüngeren Schwester Minna und ihrem Bruder Eli, der die Stellung seines Vaters übernommen hatte und die Familie erhielt. Eine zufällige Bekanntschaft mit den 5 Schwestern Freuds führte die beiden Mädchen in das Freudsche Elternhaus, wo Sigmund und Martha einander zum ersten Mal begegneten.

Wir verdanken die Entstehung der ›Brautbriefe‹ letzten Endes dem energischen Eingreifen von Marthas Mutter, die einerseits nichts von einer Heirat wissen wollte, bevor eine gesicherte finanzielle Grundlage für das Eheleben des jungen Paares geschaffen war, andererseits beschlossen hatte, die Verlobten räumlich voneinander zu trennen. »Eine lange Verlobung am gleichen Ort taugt nicht«, erklärte sie, »das Mädchen wird blutarm und der Mann fällt durchs Examen.« Sie setzte, jedem Widerstand der Verlobten zum Trotz, die Rücksiedlung ihrer Familie nach Wandsbek durch, um dort die schließliche Habilitierung und wirtschaftliche Unabhängigkeit des Bräutigams abzuwarten. Durch vier lange, schmerzliche Trennungsjahre blieben die jungen Leute darauf angewiesen, ihr Leben brieflich zu teilen. Der fast tägliche schriftliche Verkehr wurde nur von kurzen und seltenen Besuchen in Wandsbek unterbrochen.

Seit der Verlobung im Juni 1882 bis zur Hochzeit im September 1886 schrieb Freud etwa 1500 Briefe an seine Braut, die autobiographisch kaum aufschlußreicher sein könnten.

Ernst L. Freud

Briefe

Wien, 19. Juni 1882

Mein teures, heißgeliebtes Mädchen

Ich wußte es, erst wenn Du entfernt sein wirst, würde mir der ganze Umfang meines Glückes und leider auch das ganze Maß meiner Entbehrung zum Bewußtsein kommen. Ich kann es noch immer nicht fassen, hätte ich nicht das zierliche Kästchen und das süße Bild vor mir liegen, ich hielte es für einen gaukelnden Traum und fürchtete mich vor dem Erwachen. Aber die Freunde sagen, es sei Wahrheit, und ich selbst, ich weiß mich an Einzelheiten zu erinnern, so reizend, so fremdartig beglückend, wie die Traumphantasie sie nie zu ersinnen vermag. Es muß wohl wahr sein. Martha ist mein, das süße Mädchen, von dem alle mir mit Verehrung sprechen, das beim ersten Zusammensein trotz allen Sträubens meinen Sinn gefangennahm, um das ich zu werben mich fürchtete, und das im hochsinnigen Vertrauen mir entgegenkam, den Glauben an meinen eigenen Wert mir erhöht und neue Hoffnung und Arbeitskraft mir geschenkt hat, als ich ihrer am dringendsten bedurfte.

Wenn Du wieder kommst, süßes Mädchen, werde ich die Befangenheit und Steifheit, die mich in Deiner teuren Gegenwart beengten, überwunden haben. Wir werden uns wiederum allein in Eurem so netten Zimmerchen finden, mein Mädchen wird sich in den braunen Lehnstuhl niederlassen, aus welchem wir gestern so plötzlich emporgeschreckt sind, ich zu ihren Füßen auf dem runden Schemel, und wir werden von der Zeit sprechen, da nicht der Wechsel von Tag und Nacht, nicht das Eindringen Fremder, kein Abschied und keine Besorgnis uns trennen wird.

Dein holdes Bildnis. Ich habe es zuerst so gering geschätzt, als ich noch das Urbild vor Augen hatte; jetzt aber, je öfter ich es ansehe, desto ähnlicher wird es der Geliebten; ich erwarte, daß die bleichen Wangen sich purpurn färben, wie unsere Rosen waren, daß die zarten Arme sich von der Fläche lösen, nach meiner Hand zu greifen; aber das teure Bild bleibt ruhig, es scheint nur zu sagen: Geduld, Geduld, ich bin nur ein Zeichen, ein Schatten aufs Papier geworfen, das Wesen selbst kommt wieder, und dann magst Du mich wieder vernachlässigen.

Ich wollte dem Bilde so gerne einen Platz unter meinen Hausgöttern einräumen, die über meinem Tische hängen, aber die harten Männergesichter, an die ich mit Verehrung denke, darf ich zeigen, das zarte Mädchenantlitz muß ich verbergen und verschließen. Es ruht in Deinem Kästchen, und ich getraue mich nicht zu gestehen, wie oft ich es seit vierundzwanzig Stunden bei verschlossenen Türen hervorgeholt habe, meine Erinnerung aufzufrischen.

Dabei wollte es mir nicht aus dem Kopf, daß ich irgendwo von einem Mann gelesen, der die Geliebte in einem kleinen Kästchen mit sich herumgetragen, und nach langem Besinnen fiel mir ein, das müßte das Märchen ›Die neue Melusine‹ in Goethes ›Wilhelm Meisters Wanderjahre‹ sein, an das ich mich nur undeutlich erinnerte. Ich nahm das Buch nach langen Jahren wieder zur Hand und fand meine Vermutung bestätigt. Aber ich fand mehr als ich suchte. Die neckischsten oberflächlichen Anspielungen tauchten bald hier bald dort auf, hinter jedem Zug der kleinen Geschichte lauerte eine Beziehung auf uns, und als ich mich erinnerte, welchen Wert mein Mädchen darauf gelegt, daß ich größer sei als sie, mußte ich das Buch halb geärgert, halb ergötzt wegwerfen und tröstete mich mit der Versicherung, daß meine Martha keine Nixe, sondern ein holdes Menschenkind sei. Wir verstehen uns noch nicht im Humor, darum wirst Du Dich vielleicht enttäuscht finden, wenn Du das Geschichtchen nachsiehst. Auch möchte ich Dir nicht alle tollen und ernsten Einfälle, die ich dabei hatte, mitteilen.

Dieses Schreiben, geliebtes Marthchen, ist nicht in einem Zuge entstanden. Eli und Schönberg[1] waren gestern und heute abends bei mir, gestern überdies noch einige Mädchen, und ich habe mich, um keinen Verdacht zu erregen, gesellig gezeigt, obwohl ich am liebsten allein geblieben wäre. Nur Schönbergs Anblick ist mir eine Erquickung, ein Schwarm der teuersten Erinnerungen wird mit Ton und Farbe in mir lebendig, wenn ich seine ehrlichen, energischen Züge sehe. Zauberinnen, die Ihr seid. Er wird mir stündlich lieber. Ich habe Deinen letzten Gruß vom Bahnhofe empfangen und heute von Eli die Nachricht von Deiner ersehnten glücklichen Ankunft gehört. Dein Bruder scheint sich bei uns wohl zu fühlen; ich bin nicht weiter mit ihm gekommen, da ich ihn seit Deiner Abreise nicht allein gesprochen habe. Sonst betäube ich mich durch Arbeit und tröste mich mit der Gewißheit, daß Martha mein Eigen bleibt so lange sie Martha bleibt.

Mein geliebtes Bräutchen. Wenn ich früher zauderte, Dich für's ganze Leben an mich zu binden, nicht im härtesten Unglück, und wenn ich Dich mitreißen sollte, lasse ich jetzt von Dir.

Bemühe Dich doch Deinen lieben Verwandten alle die Bilder, die Dich als Kind zeigen, zu entwenden; es fällt mir ein, daß ich das alte Bild im

Abb.1: Martha Bernays, 3 Jahre alt

Besitze Deiner Mutter wenigstens bis zu Deiner Rückkehr hätte behalten können.

Wenn Du etwas von hier bedarfst oder etwas besorgt wissen willst, beglücke keinen andern als mich mit Deinen Aufträgen. Ich bin so ausschließlich, wo ich liebe. Laß mich alles von Deinen jetzigen Verhältnissen wissen; es wird dazu beitragen, daß ich Deine Abwesenheit leichter ertrage. Nütze Deinen Hamburger Aufenthalt sorgsam für Dein Wohlsein aus, ich würde Dich so gerne mit den vollen Wangen sehen, die Dein Kinderbildchen zeigt.

Nun ist der Tag zu Ende, der Bogen vollgeschrieben, und ich muß dem Verlangen, weiter mit Dir zu plaudern, Einhalt gebieten.

Lebe wohl und vergiß nicht an den armen Mann, den Du so selig gemacht hast.

Dein Sigmund

Minna hat mir einen herzlichen Gruß durch Schönberg geschickt.

Dienstag, 27. Juni 1882
vormittags im Laboratorium

Mein süßes Mädchen

Ich habe einige Blätter aus meinem Arbeitsbuch herausgerissen, um Dir während mein Versuch vor sich geht, zu schreiben. Die Feder ist von Professors[2] Arbeitstisch gestohlen, die Leute um mich glauben, daß ich meine Analysen ausrechne; eben war einer bei mir, der mich zehn Minuten lang aufgehalten. Neben mir untersucht ein dummer Armenarzt eine noch dümmere Salbe, ob sie nichts Gesundheitsschädliches enthält; vor mir kocht es in meinem Apparat und brodeln die Gasblasen, die ich einleiten muß. Das Ganze predigt wieder Entsagung, Warten; die Chemie besteht zu zwei Dritteilen aus Warten, das Leben wahrscheinlich ebenso, und das Schönste ist, was man sich verstohlen gönnt, wie ich es jetzt mache. Dein süßes Briefchen kam so unerwartet, darum doppelt willkommen, und ich freute mich der hohen Bäume und des schönen Gartens, sowie der reizenden Verwirrung in Deinen lieben Sätzen. Gib acht, Mädchen, die Schiebladen[3] kommen wieder alle in Ordnung, in eine neue Ordnung hoffe ich aber – – – ich wollte noch etwas sagen, aber ein urdummer Nachbar hat mich in eine Unterhaltung über ein Quecksilbersalz gezogen. Gott verdamme ihn dafür.

Dein Briefchen also wiegt das heutige schlechte Wetter auf, in mir ist Sonnenschein und blauer Himmel, draußen neblig und rieselig. Warum meinst Du, die Adresse, die Du diesmal benützt hast, sei auffällig? Hier ist sie die bequemste, meinst Du vielleicht in Wandsbek auffällig? Dein Briefchen (ich will nicht mehr ›süß‹ sagen, ich werde bei der Berliner Akademie um Vermehrung der zärtlichen Adjektive einkommen – ich leide solchen Mangel daran) trug den Poststempel Hamburg. Ist Wandsbek so nahe? Hast Du das Meer schon gesehen? Richte ihm einen schönen Gruß von mir aus – und wir kommen noch zusammen. Land und Meer sollen zusammenwirken, mein Mädchen blühend zu erhalten und ihr die Ferne angenehm zu machen. Ich bin so eitel, daß ich sie nicht mehr als Heimat gelten lassen will. Wie keck wird man, wenn man sich geliebt weiß!

Die arme Minna hat einen fünf Seiten langen Brief aus dem Stegreife erfinden müssen. Was für gefährliche Dinge hat ihr Marthchen geschrieben? Laß mich doch wissen, was Eli über mich schreibt. Es muß recht lustig ausfallen.

Du machst mich jetzt auch faul, Marthchen. Ich arbeite zwar tagsüber, aber am Abend bin ich ganz unfähig, ein Buch anzusehen. Dichtungen mag ich nicht; ich weiß eine schöne Dichtung, die ich selbst erlebt, und der hohen Wissenschaft mache ich ein tiefes Kompliment und sage dazu: »Hohe Wissenschaft, ich bleibe Euer untertänigster Diener, Euch in Ehrfurcht ergeben, aber nehmt mir's nicht übel; Ihr habt mich nie freundlich angeblickt, mir nie ein trostreiches Wort gesagt; Ihr antwortet nicht, wenn ich schreibe, Ihr hört nicht, wenn ich spreche, ich weiß eine andere Dame, der ich mehr wert bin als Euch, die mir jeden Dienst hundertfach vergilt, die auch nur einen Diener hat, nicht Tausende wie Ihr. Ihr werdet es verstehen, wenn ich mich jetzt der anderen, so anspruchslosen und gnädigen Dame widme. Behaltet mich in gutem Angedenken bis ich wiederkomme. Ich muß an Martha schreiben.«

Das wird wohl anders werden, wenn ich Marthchen täglich sehen und sprechen kann. Die beiden Damen werden sich dann friedlich vertragen, und die stolze, unnahbare wird sich's gefallen lassen müssen, für die liebreiche, bescheidene zu zinsen und zu steuern.

Gestern war ich bei meinem Freund Ernst von Fleischl[4], den ich bisher, solange ich nicht Marthchen kannte, in allen Stücken beneidet habe. Jetzt habe ich doch etwas voraus. Er ist, glaube ich, seit zehn oder zwölf Jahren mit einem Mädchen verlobt, das ihm gleichaltrig ist, unbestimmt lange auf ihn warten wollte und mit dem er aus mir unbekannten Gründen zerfallen ist. Er ist ein ganz ausgezeichneter Mensch, an dem Natur und Erziehung ihr Bestes getan haben. Reich, in allen Leibesübungen ausgebildet, mit dem Stempel des Genies in seinen energischen Zügen, schön, feinsinnig, mit allen Talenten begabt und fähig, in den allermeisten Dingen ein originelles Urteil zu schöpfen, war er immer mein Ideal, und ich war erst ruhig, als wir Freunde wurden und ich an seinem Können und Gelten eine reine Freude haben durfte. Ich brachte ihm diesmal ein Urteil über eine Streitschrift von ihm, er lehrte mich das japanische Spiel ›Go‹ [5] und überraschte mich mit der Nachricht, daß er Sanskrit lerne. Ich mußte versprechen, es geheimzuhalten, aber ich wußte sofort, für Martha gelte dieses Geheimnis sowenig wie andere und wichtigere. Dann sah ich mich im Zimmer um, dachte an meinen überlegenen Freund, und der Gedanke kam über mich, was er mit einem Mädchen wie Martha machen könnte, welche Fassung er dem Kleinod geben würde, wie Martha, die schon unser ärmlicher Kahlenberg entzückt, die Alpen bewundern würde, die Wasserstraßen von Venedig, die Pracht von St. Peter in Rom; wie wohl es ihr tun müßte, an der Geltung und dem Einfluß des Geliebten teilzunehmen, wie die neun Jahre, die jener Mann vor mir voraus hat, ebensoviel beispiellos glückliche Jahre ihres Lebens bedeuten würden gegen neun armselige in Verborgenheit und fast Hilflosigkeit verbrachte Jahre, die ich erwarten darf. Ich mußte mir zur Pein ausmalen, wie leicht es möglich sei, daß er, der jedes Jahr zwei Monate in München verbringt, dort in der erlesensten Gesellschaft verkehrt, Martha bei ihrem Onkel [6] sehen könnte. Ich wurde neugierig, wie ihm Martha gefallen könnte. Dann brach ich plötzlich das Traumgebilde ab; es war mir klar, daß ich die Geliebte nicht abtreten kann, auch wenn sie bei mir nicht den richtigen Platz gefunden hat. Einen Teil des Glücks, auf das Martha in der Stunde unserer Verlobung verzichtet hat, holen wir später nach. Mädchen muß versprechen, recht lange jung und frisch zu bleiben, sich auch nach neun Jahren so liebreizend über Neues und Schönes zu wundern, wie sie es jetzt kann. Martha wird doch nicht in den Hausstandssorgen aufgehen, Martha ist keine Lisette [7]. Soll ich nicht auch einmal etwas Besseres haben, als ich verdiene? Martha bleibt mein Eigen.

Der Teuren einen herzlichen Gruß von

Sigmund

Abb.2: Martha Bernays im Alter von 19 Jahren

Hohe Herrin, süßes Lieb

Wisset, daß Euer holdes Brieflein, worinnen Ihr mir gestattet, zu Euren schönen Augen zu pilgerfahrten, mich gewaltig beglückt hat, und daß ich mein Ränzlein schnüre, um zu erfahren, ob Ihr bloß einen lieben Blick oder auch einen Kuß von Euren Lippen spenden könnt. Und zumalen ein Reisender und Fremder allerlei Vorrechte und Privilegien genießt, dürft Ihr's nicht verdenken, so ich mehr als einen begehre. Gedenkt, was ein engelländischer Dichter, so viel lustige und schmerzliche Stücke erfunden und selbst in ihnen agiert hat, William Shakespeare, singt:

> Journeys end in lovers meeting.
> Every wise man's son doth know.

und wie er weiterhin fraget:

> What is love? 't is not hereafter;
> Present mirth hath present laughter;
> What's to come is still unsure:
> In delay there lies no plenty;
> Then come kiss me, sweet-and-twenty,
> Youth's a stuff will not endure.

So Ihr aber diese übermütigen Zeilen nicht verstehet, fraget keinen anderen als A. W. Schlegels Verdeutschung im ›Dreikönigsabend‹ oder ›Was Ihr wollt‹.

So es Euch behagt, wollen wir jetzt von der hohen Dichtkunst zur gemeinen Prosa niedersteigen und will Euch Euer Diener sagen, wann er Euch nahe zu sein erhofft. Euer Bruder Eli hat uns schwägerlich unter die Arme gegriffen mit einer Freikarte, bis zur Grenze dieses Kaiserreichs. Von da hebet sich an das Reich der Armut, da Euer Erwählter von denen ist, die auf das Himmelreich mehr Anspruch haben als auf die Schätze dieser Erde. Kann darum den Vorsprung nicht beibehalten, und wenn ich Sonntag morgens um die achte Stunde dieser Stadt den Rücken kehre, dürft Ihr mich nicht vor Dienstag fünf Uhr sechsundvierzig in Eurem Hamburg vermuten. Kann selbst sein, daß ich später komme, denn Eisenbahnverwicklungen sind meinem schwachen Kopf ein hartes Nüßlein, und keiner unserer Verbündeten weiß besser den rechten Weg aus solchem Zuggewirre zu finden. Nachdem ich am frühen Morgen mich gestärkt und gewaschen, damit Ihr mich nicht für einen Mohren halten müßt, eile ich nach Wandsbek, wo Euch Feinde im – hoffentlich unsicheren – Gewahrsam halten. Laßt mich glauben, daß Ihr noch im Wäldchen sein werdet, denn gern würde ich von keines Menschen Auge gesehen

Euch den Willkommsgruß bieten. Habt Ihr leider verabsäumt, mir Dauer der Wege und Fahrgelegenheit, sowie Euren Aufenthalt im Wäldchen kundzutun, tut es aber vielleicht in Eurem Schreiben, das ich morgen erwarte.

So wir einander erst einmal gesehen, wird sich der Fortgang von selbst gestalten und mag ich Euch nicht darüber schreiben.

Wenn Euer Vetter Max[8] sich als Freund beweisen und Euch in die Stadt führen will, so werde ich ihm ewig dankbar sein, obwohl was er tuet, nur allgemeine Pflicht der Menschen gegeneinander ist. Hoffe aber, daß er nicht als Dritter wird ›mitgenießen‹ wollen, findet keine Unterstützung der Genußsucht an Eurem ungenießbaren Liebsten und werde ihn in Freundschaft bitten, uns allein zu lassen. Mag Euch nicht vor fremden Augen küssen, und wüßte mit Euch nichts vor ihm zu reden. Er wird die Pflicht der Menschlichkeit, uns allein zu lassen, nicht von sich weisen können.

Damit Ihr Euren Geliebten kennet, merkt, Ihr dürft nicht viel Staat mit ihm machen wollen. Trägt ein unscheinbar formloses graues Röcklein, lichtes Beinkleid, wird heute einen grauen Filzhut wie Euer Bruder erwerben, obwohl minderen Wertes. Eures Bruders Reisetäschlein faßt so wenig Linnen, als mit eines Menschen Bestand verträglich, den Überrock habt Ihr oft selbst durch Eure Berührung geweiht. Kennt auch den plumpen Stock, das Täschlein mit Eurem Bild, das Ringlein, den Finger und wisset, ein kleines Häuflein Mark ist noch dazugekommen, uns in Eurer ungastlichen Vaterstadt zu erhalten. Reicht wohl so weit, daß wir uns der Frau Sonne, die alles an den Tag bringt, als Verlobte vorstellen und unseren jüngeren Geschwistern ein Bildlein zum Angedenken schaffen. Ein Kleinod ist für Euren Geburtstag bereit, sticht mir oft in die Augen, wenn ich vorbeigehe, traute mich aber nicht, es jetzt zu erwerben und mitzubringen, wird bis zum 4. August hier warten. Bringt Euer fahrender Ritter Euch also nichts anderes als sein liebend Herz, kommt auch ohne Waffen, hat Gift und Dolch für einen Nebenbuhler zu Hause gelassen. Kann nicht erwarten, Euch zu sehen und zu sagen, wie er Euch ergeben ist und daß er Euch gegen Freund und Feind, so not tut, schützen und verteidigen wird. Wißt ja, daß er auch noch mit Freuden einen Strauß bestanden hat, hofft, daß sein Feind in Hamburg ihm Feindseligkeit durch aufrichtigen Verzicht ersparen wird.

Ach, dieser elende mittelalterliche Briefstil, heute und keinmal mehr. Ich kam mir so als irrender Ritter vor, der zur geliebten Prinzessin pilgert, die vom bösen Oheim[9] eingeschlossen gehalten wird. Mußt Dich recht gelangweilt haben, süßes Marthchen, sei nachsichtig. Wenn Du wüßtest, wie toll es in mir jetzt aussieht. Ich werde aber ganz vernünftig ankommen. Schatz, Schönberg ist zurück zu meiner Freude.

Noch einmal einen Kuß auf Kredit, mein Engel, noch einmal, vielleicht morgen kann ich aus Mödling schreiben, dann Barzahlung. Auf glückliches Wiedersehen

Dein Sigmund

[Hamburg] [10], Sonntag, 23. Juli 1882

Nathan heißt du Jude?
(Ein seltsamer Jude hm)
Sprich weiter, wackrer Nathan. [11]
(Oder so ähnlich; ich kann jetzt nicht in die Stadtbibliothek laufen, um ein Zitat zu verifizieren. Der auf dem Gänsemarkt [12] wird's verzeihen.) Dies war der Anfang unserer Bekanntschaft. Ich hatte plötzlich ein kleines Mädchen sehr lieb und befand mich plötzlich in Hamburg. Sie hatte mir einen Ring gesandt, den ihre Mutter einst von ihrem Vater bekommen hatte; ich hatte nach Muster dieses Ringes einen kleineren für ihren winzigen Finger nachmachen lassen, aber es schien, daß der echte Ring [13] doch bei ihr geblieben, denn alle, die sie sahen und sprachen, hatten sie lieb, und das ist doch das Zeichen des echten Ringes. Mir war es beinahe unlieb, ich sann lange nach, wie ich sie schlechtmachen könnte, daß sie keiner mehr liebgewinnen dürfte, bis mir einmal einfiel, daß es nur darauf ankommt, ob sie mehrere liebhabe, nicht ob mehrere oder alle sie liebhaben. Nachdem mir dieser Einfall gekommen war, befand ich mich in Hamburg sehr wohl. Der Morgen war immer warm und schön, der Abend war dem Morgen so nahe und dem Tag war ich dankbar, daß er die Lücke zwischen schönem Morgen und schönem Abend ausfüllte. Freilich, das tyrannische Naturell, das machte, daß sich die kleinen Mädchen vor mir fürchteten, war nicht zum Schweigen zu bringen. Ich wollte Ausschließlichkeit, und da ich sie im Großen und Bedeutsamen erlangt hatte, strebte ich sie im Kleinen und Symbolischen an. Mein Mädchen war aus einer Gelehrtenfamilie, und schriftstellerte – zunächst nur Briefe – mit unermüdlicher Hand und verbrauchte ihr kleines Geld für Briefpapier. Ich brauchte also Briefpapier für das liebe fleißige Kind und wählte solches, auf dem sie nur mir schreiben konnte. Ein M und S innig verschlungen, wie dies nur die Großherzigkeit der Graveure verstattet, machten jeden Bogen für jeden anderen Verkehr als zwischen Marthchen und mir untauglich. Der Mann, bei dem ich dieses despotische Papier am Freitag

Abb.3: Isaac Bernays, Marthas Großvater

bestellte, wollte es erst am Sonntag liefern; denn am Sonnabend, sagte er, sind wir nicht hier. Es ist so eine alte Sitte bei uns. Oh, ich kenne die alte Sitte. Es war ein jovialer alter Herr, den ich auf vierundfünfzig schätzte; mit diesem Irrtum gewann ich sein Herz, wie kurz zuvor ein anderes Herz durch einen anderen Irrtum. Er war vierundsiebzig Jahre alt und rühmte seine Genuß- und Arbeitsfähigkeit und versicherte, daß er gar nicht so bald von dem Leben zu scheiden gedenke. Der Mann gefiel mir. Ich war gerade in ähnlicher Stimmung. Sonntags sah ich ihn wieder. Er war sehr stolz auf die Eleganz des Monogrammes, aber er wollte mich nicht bloß als Kunden behandeln. Er zeigte mir das Gebäude der Deutschen Bank, seinem Laden gegenüber. »Dort haben die Hamburger Kaufleute ihr Geld liegen, das sie nicht zu Hause lassen wollen, diese Keller liegen voll Gold- und Silbervorrat.« Ich sprach die Hoffnung aus, daß eine Ader des reichen Metallagers auch in seinen Laden hinüberreiche. Aber Kaufleute dissimulieren immer. Er erklärte sodann, weshalb so viele Leute in das Gebäude strömen. Wenn Sie mir etwas schuldig sind, anstatt daß Sie mir bar bezahlen, wird es auf der Bank von Ihrem Konto auf meines geschrieben. Mir wurde schwül; bis auf das Schuldigsein verstehe ich so gar nichts vom Bankwesen. Aber er ließ mich nicht fort, ich mußte einen Stuhl neben ihm einnehmen, und er fragte mich aus, wo ich bereits gewesen, und riet mir diesen und jenen Ausflug an: »Ich würde gerne selbst mit Ihnen gehen, aber ich bin ein alter Jude, und sehen Sie mich an.« Ich sah, sein Bart war struppig. Sie konnten sich gestern nicht rasieren lassen. »Nicht wahr, das wissen Sie, was für [ein] Fasttag jetzt bald kommt.« Ich wußte das leider; weil Jerusalem vor vielen Jahren um diese Zeit – nach einer falschen Zeitrechnung – zerstört worden war, sollte ich mein Mädchen am letzten Tag meines Hierseins nicht sprechen dürfen. Aber was ist mir Hekuba?[14] Jerusalem ist zerstört, und Marthchen und ich leben und sind glücklich. Und die Geschichtsforscher sagen, wenn Jerusalem nicht zerstört worden wäre, wären wir Juden untergegangen wie so viele Völker vor uns und nach uns. Erst nach dem Zerfall des sichtbaren Tempels sei der unsichtbare Bau des Judentums möglich geworden. Also neun Tage vor Tischo-B'ow[15], sagte mein alter Jude, versagen wir uns jedes Vergnügen. Wir sind hier eine Reihe von Männern von der alten Schule, die alle fest an der Religion halten, ohne sich dabei vom Leben abzuschließen. Wir verdanken unsere Erziehung *einem* Mann. In früheren Jahren waren Hamburg und Altona eine jüdische Gemeinde, später trennten sie sich; der Unterricht wurde von untergeordneten Lehrern besorgt, bis die Reform in Deutschland kam. Da sah man ein, daß man etwas tun müsse, und berief einen gewissen Bernays, den man zum ›Chacham‹[16] machte. Der Mann hat uns alle gebildet. Er wollte von seinen Leistungen sprechen, aber mich interessierte der Mann zunächst. War er ein Hamburger? Nein, er ist aus Würzburg gekommen, Napoleon I. hat ihn dort studieren lassen. (O sagenbildende Kraft der Völker!) Er kam als ganz junger Mann hierher, vor dreißig Jahren hat er hier noch gelebt. Haben Sie seine Familie gekannt? »Ich bin ja mit den Söhnen aufgewachsen.« Ich erinnerte mich jetzt an zwei Namen, Michael Bernays in München, Jakob Bernays[17] in Bonn. Das sind sie, bestätigte er, es war noch ein dritter Sohn[18], der hat in Wien gelebt und ist dort gestorben. Ich wußte auch von diesem dritten etwas, dessen Name so hinter den Brüdern in den Hintergrund trat. Das reiche Wesen des Vaters hatte sich in den Söhnen geteilt. Der Vater war Sprachforscher, Schriftausleger und hatte bedeutende Kinder hinterlassen. So blieb denn der eine Sohn bei der Sprache stehen, deren Material die wissenschaftliche Arbeit seines Lebens mit Beschlag belegte, der andere lehrt noch jetzt den feinen Geschmack und die Weisheit schätzen, die unsere großen Dichter und Lehrer in ihre Schriften gelegt haben. Der dritte, ein ernster, verschlossener Mann, erfaßte das Leben noch tiefer, als Wissenschaft und Kunst es vermögen; er war rein menschlich und schuf neue Schätze, anstatt die alten auszulegen. Ehre seinem Andenken, der mir Marthchen geschenkt hat.

Wenn mein alter Jude, der jetzt mit Begeisterung von den Lehren seines Meisters sprach, geahnt hätte, daß sein Kunde, angeblich Dr. Wahle[19] aus Prag, morgens die Enkelin des von ihm so verehrten Mannes geküßt. Er erzählte weiter von seinen Jugenderinnerungen, und Züge des weisen Nathan tauchten jetzt in seinem Gemüte auf. Er war ein außerordentlicher Mensch und lehrte die Religion mit solchem Geist und Humanität. Wenn jemand gar nichts glauben will, ach, dann ist nichts mit ihm zu machen; wenn er aber einen Grund verlangt für dies und jenes, was als unsinnig gilt, so stellte er sich außerhalb des Gesetzes und rechtfertigte es von da aus auch für den Ungläubigen. Zum Beispiel die Speisegesetze: was kann gleichgültiger sein, als was man ißt? Aber da sagte er: gehen wir auf die Schöpfungsgeschichte zurück, es ist vielleicht aus einer Fabel, aber was die ganze Menschheit seit Jahrhunderten glaubt, kann doch kein Unsinn sein, muß einen Sinn enthalten. Als Gott die ersten Menschen geschaffen hatte und sie in den Garten Eden setzte, war nicht das erste Gebot, das er ihnen gab, ein Speisegebot? Von diesem Baum dürft ihr essen und von dem einen hier nicht. Warum war's nicht ein moralisches Gebot? Und wenn Gott als erstes Gebot ein Speisegebot gab, kann es eine gleichgültige Sache sein, wie man ißt?

Er erzählte noch mehrere solcher sinnreicher Stütz- und Erklärungsversuche. Ich kannte ja die Art. Der Anspruch der Heiligen Schrift auf Wahrheit und Gehorsam war so nicht zu stützen, es war da keine Reform berechtigt, nur ein Umsturz; aber es lag ein ungeheurer Fortschritt, eine Art Erziehung des Menschengeschlechts in Lessingschem Sinne in solcher Lehrweise. Die Religion war nicht mehr starres Dogma, sie wurde zum Gegenstand des Nachsinnens, zur Befriedigung des verfeinerten künstlerischen Geschmacks und gesteigerter logischer Anforderungen und schließlich empfahl sie der Hamburger Lehrer, nicht weil sie einmal als geheiligt vorhanden war, sondern weil er sich des tiefen Sinnes freute, den er in ihr entdeckte oder in sie hineintrug. Es war Kritik, wenn auch willkürlich gehandhabte und fest bestimmten Zielen zusteuernde, wohl geeignet, den Schülern die entscheidende Richtung zu geben, die mein alter Jude jetzt noch bewahrte, als ich für die Enkelin des Lehrers unser Monogramm bei ihm holte.

Er war kein Asket, setzte er fort. Der Jude, sagte er, ist die höchste Blüte des Menschen und für den Genuß geschaffen. Er verachte jeden, der nicht genießen könne. (Ich mußte mich erinnern, was Eli von seiner Weltanschauung zu seinen Ehren im Rausche verraten hatte: Homo sum). Das Gesetz schreibt dem Juden vor, sich jedes kleinen Genusses zu freuen, über jede Frucht die Broche[20] zu sprechen, die an den Zusammenhang mit der schönen Welt, in der sie gewachsen ist, erinnert. Der Jude ist für die Freude, und Freude ist für den Juden. Der Lehrer erläuterte dies an der Steigerung der Feste.

Zu Neujahr sagt der Christ: Wenn wir nur im neuen Jahr bessere Zeiten haben als im alten. Für den Juden kommt zuerst Roschhaschono[21], da wird das Los bestimmt fürs ganze Jahr. Da darf uns bange sein vor der göttlichen Entscheidung: Das ist das Fest der Gottesfurcht. Zu Jom Kippur[21] fasten wir den ganzen Tag, Gott zuliebe, nur die Liebe kann ein solches Opfer bringen. Es ist das Fest der Gottesliebe. Dann aber kommt Succoth[21], von dem geschrieben steht: Der Jude soll nur fröhlich sein an diesen Tagen, und ein Tag heißt Gesetzesfreude. Es ist das Fest der Gottesfreude.

Ein Kunde kam, und Nathan war wieder Kaufmann. Ich empfahl mich bewegter, als der alte Jude ahnte. Wenn er nach Prag kommen sollte, werde er sich das Vergnügen machen, mich aufzusuchen. Er wird mich nicht in Prag finden, aber als Ersatz will ich ihm eine andere Freude bereiten. Wenn mein Marthchen etwas von papierenen Geschenken nach Wien nehmen will, soll sie auf den Adolphsplatz zu unserem alten Juden, dem Schüler ihres Großvaters gehen und ihm ihren Namen nennen. Er soll merken, daß der Stamm seines Lehrers nicht verdorben ist, seitdem er zu seinen Füßen gesessen hat. Und für uns beide glaube ich: wenn die Form, in der die alten Juden sich wohl fühlten, auch für uns kein Obdach mehr bietet, etwas vom Kern, das Wesen des sinnvollen und lebensfrohen Judentums, wird unser Haus nicht verlassen.

Wien, 18. August 1882, nachts

Warum ich wieder zum Papier mich wende?
Das mußt Du, Liebster, so bestimmt nicht fragen:
Denn eigentlich hab ich Dir nichts zu sagen;
Doch kommt's zuletzt in Deine lieben Hände.

Weil ich nicht kommen kann, soll, was ich sende,
Mein ungeteiltes Herz hinüber tragen
Mit Wonnen, Hoffnungen, Entzücken, Plagen:
Das alles hat nicht Anfang, hat nicht Ende.[22]

Mein geliebtes Mädchen

Ein Freund, sonst ein hartgesottener Sünder, mit dem ich gerne über die Unvernunft dieser Welt klage, wurde heute plötzlich weich und in's andere Zimmer gehend, holte er aus dem Schrank des Meisters Goethe unvergleichliche Gedichte und las mir daraus Zeilen vor von tiefsinniger Empfindung, die für mich mehr Sinn enthielten als für ihn, so daß ich, um mich nicht zu verraten, weglief und um mit meinen Gedanken allein zu sein. Ich konnte nicht mehr fleißig sein an diesem Nachmittag, bald traf mich ein anderer Freund, mit dem ich einst zusammen die Universität bezogen hatte, der seitdem durch ein trauriges Mißgeschick weit weg von seinen ursprünglichen Zielen geschleudert wurde. Der Verkehr mit den Freunden hat jetzt einen eigenen Reiz, fast gleichzeitig hat sich uns der Ernst des Lebens erschlossen; was wir zu Anfang hoch und teuer hielten, aber leicht erreichbar glaubten, ist uns in weite Ferne gerückt, aber noch immer teuer, und mancher trägt vielleicht auch wie ich ein neues teures Streben verschlossen im Herzen. Obwohl ich so verstimmt bin, so müde und wenig hoffnungsvoll in die Zukunft schaue, finde ich doch keinen, mit dem ich die Lose tauschen wollte; ich denke doch nicht klein von mir, und Marthchen, mein Marthchen, was hätte man mir für sie zu bieten.
Wir sind alle arm und versprechen einander zu helfen, wenn wir können.

Alle sind sie gut oder sie sind nicht meine Freunde, wir können so wenig füreinander tun, und doch scheide ich selten von einem, ohne zu fühlen, daß er mir sehr wohlgetan, daß der Anteil, den er an mir nimmt, die Hoffnung, die er auf mich setzt, mich aus meiner Niedrigkeit erhoben, einen Teil des Unrechts, das gegen mich verübt worden, aufgehoben, und ich habe ihm vielleicht das Gleiche getan. Nicht so beseligend wie das Bewußtsein, von einem erlesenen Mädchen geliebt zu werden, wollte ich doch nicht darauf verzichten, daß so viele Männer unauffällig mit mir zusammenstehen und mir leben helfen! Dann versöhne ich mich auch leicht damit, daß wir so arm sind. Denke dir, süßes Mädchen, wenn der Erfolg genau dem Verdienst des einzelnen entspräche, müßte da nicht die Innigkeit der Neigung verlorengehen? Ich wüßte nicht, ob Du mich liebst oder die Anerkennung, die ich erhalten, und wenn ich im Unglück wäre, würde das Mädchen sagen, ich liebe Dich nicht mehr, Dein Unwert ist entschieden. Es wäre so häßlich wie in der Welt der Uniformen, wo jedem sein Verdienst am Kragen und auf der Brust geschrieben steht. Bei den Wechselfällen aber und bei der launenhaften Ungerechtigkeit, mit der das Glück das Verdienst belohnt oder übergeht, darf die treue Liebe auch beim Armen ausharren, ohne unwahr zu werden, und wenn ich den Menschen unansehnlich und gleichgültig bin, bei Dir darf ich reich und gewaltig, unumschränkt in Lob und Anerkennung sein.

O mein teures Marthchen, wie arm sind wir! Wenn wir mitteilen sollten, wir wollen miteinander leben, und sie fragen uns: Was bringt ihr euch dazu mit? Nichts als daß wir einander liebhaben. Und sonst nichts? Wir brauchen doch zwei oder drei Zimmerchen, um darin zu wohnen und zu essen und einen Gast zu empfangen und einen Herd, auf dem das Feuer für die Mahlzeiten nicht ausgeht. Und was da alles drinnen sein soll. Tische und Stühle, Betten, Spiegel, eine Uhr, die die Glücklichen an den Lauf der Zeit erinnert, ein Lehnstuhl für eine Stunde behaglicher Träumerei, Teppiche, damit die Hausfrau leicht den Boden rein halten kann, Wäsche mit zierlichen Bändern gebunden im Kasten und Kleidchen von neuem Schnitt und Hüte mit künstlichen Blumen, Bilder an der Wand, Gläser für alltägliches Wasser und festlichen Wein, Teller und Schüsseln, eine kleine Vorratskammer, wenn uns plötzlich der Hunger oder ein Gast überfällt, ein großer Schlüsselbund, der hörbar klirren muß, und es gibt so viel, woran man sich freuen kann, die Bücherei und das Nähtischchen und die vertrauliche Lampe, und alles muß in gutem Stand gehalten werden, sonst sträubt sich die Hausfrau, die ihr Herz in kleine Stückchen geteilt hat, für jedes Gerät eines. Und dies Ding muß von der ernsten Arbeit zeugen, die das Haus zusammenhält, dies andere von Kunstsinn, von teuren Freunden, an die man sich gerne erinnert, von Städten, die man gesehen, von Stunden, die man gerne zurückrufen möchte. Dies alles, eine kleine Welt von Glück, von stummen Freunden und Zeugen edler Menschlichkeit, es muß alles erst kommen, es ist noch das Fundament des Hauses nicht gelegt, nur zwei arme Menschenkinder sind da, die sich so unsagbar liebhaben.

Sollen wir unser Herz an so kleine Dinge hängen? Solange nicht ein großes Schicksal an die stille Tür pocht – ja und ohne Bedenken. Und dann müssen wir einander jeden Tag sagen, daß wir einander noch liebhaben. Es ist was Schreckliches um zwei Menschen, die sich lieben und die Form oder die Zeit nicht finden, es sich zu sagen, warten bis ein Unglücksfall oder eine Verstimmung ihnen den Aufschrei der Zärtlichkeit entlockt. Man muß mit Zärtlichkeit nicht kargen, was man von den Fonds verausgabt, ist durch die Ausgabe selbst von neuem ersetzt. Berührt man sie lange nicht, so werden sie unmerklich weniger oder das Schloß wird rostig, man hat sie dann und kann sie nicht verwenden. Ach, nicht einmal zwei arme Menschenkinder, die sich lieben, sind jetzt da. Nur eines, das andere ist weit weg und tut sich beständig Zwang an in seiner Güte, das arme süße Kind, das schon so viel Trauriges erlebt, wovon sie nicht spricht, und kaum daß sie wieder frei atmen darf, sich dem Armen, vom Glück Verlassenen hingegeben, auf ihren kleinen Anteil von Lebensfreude so gern verzichtend. Aber Du mußt mir Glück bringen, Du bist selbst das Glück für mich, ohne Dich ließe ich jetzt ohne Lebenslust die Arme sinken, mit Dir, für Dich, will ich sie rühren, uns unseren Teil an dieser Welt erobern, ihn mit Dir zu genießen.

Sei mir recht herzlich gegrüßt; vielleicht denkst Du gerade an mich; es ist die Zeit, wo Du im Garten auf mich wartetest.

Dein Sigmund

Wien, 25. September 1882

Für mein geliebtes Marthchen

Ohne Deine Antwort abzuwarten, mein Mädchen, beginne ich diese Aufzeichnungen, um Dir mehr von mir und meinem Tun mitteilen zu können, als unser persönlicher Verkehr mir gestatten würde. Ich will sehr offen und vertraulich gegen Dich sein, wie es sich für uns geziemt, nachdem wir einander in Freundschaft und Liebe die Hand gereicht haben für unser Leben, aber ich will nicht immer ohne Antwort schreiben und alsbald aufhören, wenn Du mir nicht erwiderst. Beständige Selbstgespräche über ein geliebtes Wesen, denen die Korrektur und Auffrischung durch dieses selbst fehlt, führen zu falschen Meinungen über das gegenseitige Verhältnis und zur Entfremdung, wenn man einmal zusammenkommt und es anders findet, als man ohne Gewähr geglaubt hatte. Ich werde auch nicht immer sehr zärtlich sein, oft ernst und aufrichtig, wie es Freunden geziemt, wie es Freunden Bedürfnis ist. Doch hoffe ich, Du wirst nichts dabei vermissen und zwischen dem einen, der Dich nach Wert schätzt und nach Verdienst behandelt und den vielen, die Dich als liebliches Spielzeug verzärteln möchten, eine leichte Wahl haben.

Glaube nicht, Du Süße, Gute, daß ich Dich gerne tadeln möchte. Nein, ich will nur, daß es keine Empfindlichkeit und kein Verschweigen zwischen uns geben soll. Du weißt ja, von dem Augenblick an, da Du mit mir den Bund schlossest, mußten wir beide etwas anderes werden, um füreinander zu sein, was wir sein wollten, und ich darf vielleicht den Anspruch erheben, zu sagen und zu deuten, wenn das alte Marthchen meinem geliebten Mädchen nicht ganz den Platz geräumt zu haben scheint.

›Ich bin also nicht mit Dir zufrieden‹, wirst Du denken und – weinen? Nein, Du mußt Dich ja mir gleichstellen; werde ich weinen, wenn Du mir Ausstellungen machst? Wir haben eine schwere Aufgabe auf uns genommen, und in deren Erfüllung müssen wir uns gegenseitig unterstützen und berichtigen. Nicht Liebesworte allein können dies tun; mitsammen leben heißt nicht, einander alles Unangenehme verbergen und beschönigen; helfen heißt, alles, was sich trifft, miteinander teilen. Mir scheint, Ihr alle habt bisher von Eurem Freundesverkehr nur Angenehmes verlangt und erwartet. Ihr wart befriedigt, wenn Ihr den Epilog halten konntet: Er oder sie waren heute so lieb und gemütlich. Als ich im August unwohl war und Eli mich besuchte, fragte er mich vorwurfsvoll, warum ich denn nicht – mit meiner schweren Krankheit! – ins Spital gehe, anstatt den Meinigen beschwerlich zu fallen. Das gilt nicht für uns, meine Geliebte. Ich will nicht lauter angenehme Stunden mit Dir verbringen, ich will nur immer merken und Dich merken lassen, daß wir einander liebhaben und uns einander so weit anpassen wollen, als dies zwischen zwei Menschen möglich ist.

Ich hoffe, es soll auch mir gelingen. Es gibt einen Fall, in dem Du mir nicht völlig Genugtuung gegeben und mich tief gekränkt hast; Du weißt, es war, als Du Dich weigertest, die ›Freundschaft‹ mit Fritz oder für Fritz Wahle mir zu opfern. Ich war geduldig und Du hast mir endlich recht getan. Und selbst damals verkannte ich nicht, wie edel Du Deine Selbständigkeit behauptet, wie wahrhaftig Du mir über alles berichtet hast. Du wirst mir darin noch vollständiger Recht geben, Dein Urteil war nicht sicher genug, wir wollen beide vertrauen, daß dergleichen nie mehr zwischen uns vorkommen wird. So wirst Du mich verstehen, daß es auch für die Geliebte noch eine Erhebung gibt: zur Freundin und daß es ein entsetzlicher Verlust für uns wäre, wenn ich mich entschließen müßte, Dich als ein liebes, aber nicht ebenbürtiges Mädchen zu lieben, vor dem man seine Urteile und Gedanken, kurz die Wahrheit verbergen muß. Nimm die Hand, die ich Dir in herzlicher Neigung und Vertrauen biete und tue mit mir, wie ich mit Dir tue.[23]

Wien, Donnerstag, 5. Oktober 1882

Wem anders als meiner heißgeliebten, innig verehrten Martha soll ich Nachricht von dem Ausfall meines Besuches bei Professor Nothnagel[24] geben? Sei nicht böse, mein holdes Mädchen, von deren Liebreiz heute mittags ich noch verwirrt bin, wenn ich Dich in die krausen Wege und Verhältnisse einführe, auf die ich in meinem Kampf ums Dasein geraten bin. Ist es doch nicht nur mein Kampf und mein Interesse, wir sind so innig verbunden, ich so namenlos glücklich in Deinem Besitz, so sicher Deiner Teilnahme, daß mir alles erst wertvoll wird, wenn Du daran teilnimmst. War der Ausgang auch nicht der erwünschte, so doch ganz ehrenvoll, und ich sehe keinen Grund, die Hoffnung auf die bessere Zukunft sinken zu lassen, solange Du, süßes Engelmädchen, es mit mir aushältst.
Ich war also bei N. mit meinen sämtlichen Werken und einer Empfehlung Meynerts[25]. Das Haus ist neu, kaum fertig, die Wohnung riecht nach Lack, das Wartezimmer einfach prächtig. An der Wand ein Bild, das vier Kinder darstellt, einen prächtigen Jungen, der in zwanzig Jahren den Medizinern die besten Stellungen weghaschen wird, ein kleines Mädchen mit der Andeutung reizender Schönheit, um die sich schon in zehn Jahren die junge Welt auf dem Studentenballe raufen wird: die beiden brünett, und daraus schloß ich, wie sich zeigte, mit Recht, auf eine dunkle Mutter; dann ein unschönes blondes ältestes Mädchen mit den Zügen des Vaters, das ein Baby unbestimmbaren Geschlechts auf den Armen trägt. Bald fand ich auch von dem Vater dieser verheißungsvollen Brut Bücher an den Wänden, ein großes Bild einer ernsten dunkelhaarigen Frau auf einem staffeleiartigen Gestell, daneben der Mann, der über unser Geschick zu entscheiden hat. Unheimlich, so einen Mann zu sehen, der viel über uns vermag, und über den wir gar nichts vermögen. Nein, der Mann

Abb.4: Hofrath Hermann Nothnagel

ist keiner unserer Rasse. Ein germanischer Waldmensch. Ganz blondes Haar, Kopf, Wangen, Hals, Augenbrauen ganz unter Haar gesetzt und zwischen dem Haar und dem Fleisch kaum ein Farbenunterschied. Zwei mächtige Warzen an der Wange und an der Nasenwurzel; nichts von Schönheit, aber gewiß etwas Besonderes. Ich war draußen etwas zitterig gewesen, drinnen war ich sicher wie immer im ›Kampf‹. »Ich bin beauftragt, eine Empfehlung von Professor Meynert zu überbringen, sein Bedauern auszudrücken, daß Sie ihn unlängst verfehlt haben, und in meinem eigenen Interesse bin ich so frei, diese Karte zu überreichen.« Während er die Karte las, saß ich nieder. Ich weiß, was darin stand: »Geehrter Herr Kollege, ich empfehle Ihnen Herrn Dr. Sigm. Freud bestens wegen seiner wertvollen histologischen Arbeiten und bitte, seinem Wunsche Ihre Aufmerksamkeit zu schenken. In der Hoffnung, Sie bald zu sehen, Ihr Theodor Meynert.« – »Diese Empfehlung meines Kollegen Meynert ist mir sehr wertvoll. Also was wünschen Sie, Herr Doktor?« Wenn er sprach, machte er einen sehr angenehmen Eindruck; er sprach wie einer, der es wahrhaft meint und etwas auf seine Worte hält, zurückhaltend, aber vertrauenerweckend. »Sie werden es ja erraten haben. Es ist bekannt, daß Sie jetzt einen Assistenten annehmen werden und man sagt, Sie werden über kurz oder lang eine andere Stelle kreieren. Man sagt auch, Sie gäben etwas auf wissenschaftliche Arbeiten: nun, ich habe wissenschaftlich gearbeitet, habe jetzt nicht Gelegenheit, es fortzusetzen und darum hielt ich es für ziemlich, mich Ihnen als Bewerber vorzustellen.« – »Sie haben Ihre Arbeiten bei sich, Herr Doktor?« Als ich in die Tasche griff: »Ja.« Ich gab meine Erläuterungen, während er die Arbeiten durchsah. »Ich war zuerst Zoologe, wurde dann Physiologe, und bin in der Histologie als Arbeiter aufgetreten. Ich ging fort, als mir Professor Brücke sagte, er werde seinen Assistenten nicht weggeben und rate mir, als armen Manne, nicht bei ihm zu bleiben.« Nun begann er. »Ich will Ihnen nicht verbergen, daß schon mehrere Herren als Bewerber hier gewesen sind, und ich will Ihnen keine Hoffnungen machen. Es wäre gewissenlos von mir. Aber ich will Sie als Kandidaten für diese Stelle nennen und Sie in Vormerkung nehmen, wenn eine andere frei werden sollte. Wie gesagt: Versprechungen mache ich keine, die haben Sie wohl auch kaum erwartet. Qui vivra, verra. Ihre Arbeiten will ich behalten.« Das klang alles etwas freundlicher, als es sich so wiedergegeben macht, es war nicht so schroff, eher freundlich zurückhaltend. Soviel ging deutlich hervor: die erste, gleich zu besetzende Stelle war schon vergeben (an einen Sohn eines Prager Professors, wie die Fama erzählt), und für die zweite, die noch nicht jetzt zur Entscheidung kommt, wollte er freie Hand behalten, nahm es aber ernst mit mir.

Abb. 5: Prof. Ernst v. Brücke

»Noch eins«, sagte ich, »ich bin jetzt Aspirant im Allgemeinen Krankenhaus, und wenn Sie mir nicht Hoffnungen, Aussichten machen, kann ich ebensowohl bei Ihnen als bei einem anderen aspirieren.« »Was heißt das, Aspirant«, fragte er, »ich kenne mich hier noch nicht aus.« Ich erklärte nun kurz (was mein Mädchen hier auch in den Kauf nehmen muß), daß es im Krankenhaus zweierlei gäbe: Kliniken und Abteilungen, Kliniken, wo der Professor mit seinen Assistenten die Studenten unterrichtet – Abteilungen, wo der Primararzt mit seinen Sekundarärzten (ohne Studenten) die Kranken behandelt. Der Professor hat die Wahl seiner Assistenten, der Primarius aber nicht die seiner Secundarii. Secundarius aspirans kann jeder Arzt werden, der wartet, bis eine Sekundararztstelle frei wird, und während dieser Zeit heißt er, wie ich, Aspirant. Die Wartezeit kann man aber ebensowohl an einer Klinik wie an einer Abteilung zubringen. Verstanden, Marthchen? Der Professor N. schien das nicht ganz verstanden zu haben, denn er sagte: »Wenn Sie Aussicht auf eine chirurgische Stelle haben (was nicht der Fall ist), so lassen Sie sich nicht abhalten. Arbeiten Sie im wissenschaftlichen Geiste fort, und wenn die Zeit für eine Bewerbung kommt, werde ich Sie in Betracht ziehen.« – »Ich kann aber nicht so wissenschaftlich arbeiten, ich muß in das Breite gehen und Medizin so rasch als möglich durchnehmen, um mir eine Selbständigkeit zu gründen, wahrscheinlich in England, wo ich Verwandte habe. Ich habe lange um Gotteslohn gearbeitet, jetzt muß ich selbst eine chemische Arbeit, die ich begonnen habe, unvollendet lassen.« – »Ich meine nicht, daß Sie publizieren sollen«, sagte er darauf, »arbeiten Sie nur im wissenschaftlichen Geiste fort, man kann ja auch Medizin wissenschaftlich betreiben.« – »Ich weiß das, und es ist von der Arbeitsweise der Physiologen nicht sehr verschieden.« – »Es ist dasselbe«, warf er ein. »Ich meine aber, ich muß betreiben, was der Praktiker zunächst braucht.« – »Tun Sie das, es wird Ihnen, wenn die Gelegenheit kommt, in meinen Augen nichts schaden.« – »Also, wenn ich Sie recht verstanden habe, soll ich so handeln, als ob es zunächst bei Ihnen nichts wäre?« – »Ja«, sagte er, »sichern Sie sich auf alle Fälle, ich kann Ihnen nichts versprechen, es wäre gewissenlos. Würden Sie sich denn für eine akademische oder eine praktische Laufbahn entscheiden?« – »Meine Neigungen und mein früheres Leben weisen mich auf das erste hin, aber ich muß –« »Ja, Sie müssen zunächst leben können. Also ich werde Sie vormerken. Nochmals: Qui vivra, verra.« Damit stand er auf. »Ich danke Ihnen jedenfalls. Und darf ich mir nach einiger Zeit meine Arbeiten abholen? Es sind meine letzten Exemplare.« – »Ich will sie lesen; in drei bis vier Wochen bitte ich, darum zu kommen. Ich bin jetzt sehr beschäftigt.« – »Kann mir's denken, Herr

Professor. Übrigens steht das Wesentliche derselben im Jahresbericht und auch in Schwalbes[26] ›Neurologie‹.« Eine Verbeugung noch, und ich war fertig. Nun, mein Mädchen? Zunächst ist nichts geworden. Die erste Stelle ist verloren, für die zweite komme ich gewiß als Konkurrent in Betracht, denn der Mann hat ehrlich gesprochen. In einigen Tagen wird noch Meynert, vor dem N. große Achtung hat, sich persönlich für mich verwenden, und wenn er mit den anderen Freunden, die ich unter den Professoren habe, bekannt wird, werde ich in seiner Schätzung steigen. Zunächst aber werde ich so arbeiten, als ob nichts damit wäre. Was ich jetzt in Angriff nehmen soll, ich denke noch darüber nach. Ich meine das unappetitliche, aber für die Praxis so wichtige und an sich interessante Gebiet der Hautkrankheiten. Morgen will ich mich dort vorstellen, wenn dort keine Aspirantenstelle frei ist, werde ich zu Meynert gehen.

Mit Deiner armen Mutter, die mir trotz unserer Interessenfeindschaft sympathisch ist, hoffe ich nun besser zu stehen, und Dich hoffe ich Samstag um zehn Uhr früh im Prater zu sehen.

Dein getreuer Sigmund

Wien, 13. Juli 1883, 2 Uhr nachts

Gärtner Bünsow[1], glücklicher Mann, der mein herziges Liebchen beherbergen darf. Warum bin ich nicht Gärtner geworden anstatt Doktor oder Dichter. Du würdest vielleicht einen Gesellen brauchen, der Dir im Garten arbeitet, und ich würde mich anbieten, um dem Prinzeßchen guten Morgen zu sagen, vielleicht ihm einmal einen Kuß für einen Strauß abzuverlangen.

Aber der Brief ist nicht an den Gärtner Bünsow, sondern an Dich, mein Marthchen, gerichtet, mein Cordelia-Marthchen. Warum, wird später erklärt werden. Bist Du neugierig, Liebchen? Deine Halsentzündung ist wohl schon gut, gewiß gut bis Du diesen Brief empfängst – es ist so lieb von Dir, mir davon zu schreiben, aber sonst gar nicht lieb von Dir, sie zu bekommen. Indessen, wenn es sonst nichts ist, laß Dich nicht in eine übergroße Verhätschelung mit Halstüchern und so weiter ein, mein Kind, ich glaube, ein bißchen Abhärtung, die man ja unter den gefahrlosen Umständen versuchen kann, ist dauernd besser. Und nun freue ich mich auf Deine Mitteilungen und hoffe, daß Du auch gut essen wirst, wenn nötig, heimlich[2] und wenn Du Geld dafür brauchst, mein süßes Ding, so schreib nur, denn ich hab's wieder.

Heute war der heißeste qualvollste Tag der ganzen Zeit, ich war wirklich schon kindisch vor Ermattung. Ich merkte, daß ich einer Erhebung bedurfte und war darum bei Breuer[3], von dem ich eben so spät komme. Er hatte Kopfschmerz, der Arme, und nahm Salicyl. Das erste, was er tat, war mich in die Badewanne zu jagen, aus der ich verjüngt herausstieg. Mein Gedanke, als ich diese feuchte Gastfreundschaft annahm, war: Wenn Marthchen hier wäre, würde sie sagen: so wollen wir es uns auch einrichten. Gewiß, mein Mädchen, und wenn ich noch so viele Jahre bis dahin brauchen sollte, ich rechne auf kein anderes Wunder, als daß Du mich so lange leiden magst. Dann nahmen wir oben in Hemdärmeln (ich schreibe jetzt in etwas stärker ausgesprochenem Negligé) Nachtmahl, und dann kam ein langes medizinisches Gespräch über die ›moral insanity‹ und Nervenkrankheiten und merkwürdige Fälle, auch Deine Freundin Bertha Pappenheim[4] kam wieder auf's Tapet, und dann wurden wir intim persönlich und sehr vertraut, und er erzählte mir manches, was ich erst wieder erzählen soll, »wenn ich mit Martha verheiratet bin«, von Frau und Kindern und dann wurde ich aufgeknöpft und sagte: dieselbe Martha, die jetzt in Düsternbrook eine kleine Halsentzündung hat, ist eigentlich eine süße Cordelia und jetzt, wenn man einmal im innigsten Vertrauen steht, macht es nichts mehr. Da sagte er darauf, er nenne seine Frau auch immer so, weil sie die Scheidemünze der Zärtlichkeit gegen andere nicht aufbringe und auch gegen ihren Vater nicht aufgebracht habe. Und den beiden Cordelien von siebenunddreißig Jahren und zweiundzwanzig Jahren muß es im Ohr geklungen haben, als wir ihrer in ernster Zärtlichkeit gedachten.

Jetzt aber herzlichen Gruß, denn ich bin eingeschlafen, Marthchen.

Dein Sigmund

Wien, 23. August 1883

Prinzeßchen Schatz

Eben von meiner Landpraxis zurückgekehrt, finde ich Ihren süßen Brief mit der frohen Nachricht vor, daß Sie sich wohl fühlen und all den lieben Sachen, die Du täglich zu schreiben nicht müde wirst. Ich habe eben heute ein Gespräch mit einem lieben Kollegen im Spital Dr. Widder geführt, der mir auseinandergesetzt, es sei ein großer Unsinn heiraten zu wollen, wenn man kein Geld habe; es werde acht Jahre brauchen, bis ich zu was komme, und das alles nicht aus Weltklugheit und so weiter, sondern in seines Herzens Einfalt, wie er's glaubt. Ich habe meine Sache ordentlich vertreten, ihm gesagt, daß er eben mein Mädchen nicht kenne, das unbegrenzt lange auf mich warte, daß ich sie auch, wenn sie dreißig Jahre alt geworden, heiraten werde – eine Matrone, warf er dazwischen – und daß ich's zwingen würde durch Arbeit und Wegreisen und daß der Mensch wagen müsse, daß, was ich zu gewinnen habe alles Wagen wert ist. Er gab klein bei, ich könnte ja schon in zwei Jahren zweitausend Gulden haben, zeigte mir einen Brief von Dr. Kohn in Brünn, der im Laufe eines Jahres fünf- bis sechstausend Gulden zu erwerben hofft, und dergleichen. Es war ihm nicht ganz ernst mit seiner Trauermalerei. Das Schönste habe ich ihm gar nicht gesagt, daß es so unvergleichlich selig ist, geliebt zu werden, auch wenn man sich noch nicht völlig und förmlich angehört und noch dazu wenn man das Glück hat, sich ein Prinzeßchen geraubt zu haben! Mut, mein Schatz, Du wirst viel jünger mein Weibchen sein und sollst Dich nicht schämen dürfen, daß Du so lange gewartet

Abb.6: Dr. Josef Breuer

hast. Eine ganz kleine frohe Nachricht laß ich Dich heute wissen; ich müßte mich sehr, sehr irren, wenn es nicht mit einer ›neuesten Methode‹[5] geht, ich schrieb Dir ja, ich setze meine Hoffnung auf das Sonnenlicht, das scheint wirklich zu helfen. Laß [es] Dich nicht betrüben, wenn ich wieder einmal schreibe, es geht nicht; zum Finden gehört Geduld und Zeit und Glück, aber so fängt's immer an, wenn was herauskommt. Darum Mut, Prinzeßchen.

Meinem Patienten geht es nicht schlechter; allerlei Kleinigkeiten treibe ich von ihm weg, bisher ist nichts vorgekommen, dem ich nicht gewachsen war, und ich höre oft, wenn ich eine Anordnung treffe, daß Breuer dieselbe in Aussicht gestellt hat. Die Frau, von der Du hören willst, hat so eine ernste Anmut wie Du, mein Engel, nicht ganz so lieb; ich schätze sie, weil sie ausgezeichnet beobachtet, mit solcher Geduld pflegt und solcher Kunst ihn aufheitert. Ich wollte wirklich, es würde besser; Breuer meinte: nein, und er fürchte sich vor den nächsten sechs Jahren langsamer Verschlimmerung.

Also kein Briefpapier mehr, Marthchen, von meinem Honorar im September sollst Du ein Stück haben und dafür Briefpapier von derselben Art bestellen. Nein, nein, lieber es für Dich verwenden, Du hast schon lange gar kein Geld gehabt, und jetzt kann ich Dir nicht mehr als einige kleine Mark schicken, die ich aber heute nicht, erst Samstag einwechseln kann, weil ich morgen Dienst habe.

Jetzt wollen wir Abend machen, nachts schreibe ich der Geliebten weiter.

Verzeih, Teuerste, wenn ich so oft anders schreibe, als Du zumal nach Deinen zärtlichen Briefen erwarten kannst, aber ich denke in so ruhigem Glück an Dich, daß es mir leichter wird, von fremden Sachen als von unseren Personen zu reden. Und dann ist's wie eine Art von Verstellung, wenn ich Dir nicht von dem schreibe, was mich gerade beschäftigt. Ich habe nämlich eben zwei Stunden lang – es ist zwölf Uhr – den ›Don Quijote‹ gelesen und so herrlich darin geschwelgt. Die Novellen von der unziemlichen Neugier von Cardenio, und Dorothea, deren Schicksale sich mit Don Quijotes Abenteuern verflechten, von dem Gefangenen, in dessen Erzählung ein Stück von Cervantes' Lebensgeschichte enthalten ist, sind mit solcher Feinheit, Buntheit und Klugheit geschrieben, die ganze Gesellschaft in der verzauberten Schenke so anmutig, daß ich mich gar nicht erinnern kann, je etwas ohne Übertreibung Gefälligeres gelesen zu haben. Die vielen glücklichen Paare, die Damen, die sich alle gleich schwesterlich lieben und die arme Mohrin so zärtlich empfangen, der Ritter, der die Nacht Wache hält, damit kein böser Riese einbricht, und dabei ans Fenster angebunden wird; es geht das alles nicht tief, aber es ist die vollkommenste heitere Grazie, die man sich denken kann. Don Quijote ist dort auch in der rechten Beleuchtung nicht mehr durch so grobe Mittel wie Prügel und körperliche Übligkeiten lächerlich gemacht, sondern durch die Überlegenheit von Leuten, die mitten im wirklichen Leben stehen. Dabei tragisch in seiner Ohnmacht, während sich alle Knoten lösen. Sancho ist so köstlich in seinen gemeinen Motiven, in seinem Taumeln aus der Traumwelt in die Wirklichkeit. Dazu die Bilder von Doré, sie sind nur großartig, wenn der Zeichner eine phantastische Seite an seinem Gegenstand erfaßt; so greift er ein paar Worte der Wirtin auf, um darzustellen, wie ein jämmerlich kleiner Ritter mit einem Schwerthieb sechs Riesen durchgehauen hat, die Untergestelle stehen alle noch, während die Oberkörper sich im Staube wälzen. Das Bild ist von einer prachtvollen Lächerlichkeit und hilft trefflich mit, den Unsinn der Ritterromantik zu vernichten. Auch die orientalischen Szenen gelingen ihm, das Seltsame und Großartige der Architektonik, auch die Schroffheit der Natur im schwarzen Gebirge, endlich ist er gut, wo ihm der Text die Karikatur an die Hand gibt, so wie die Gespenster den Ritter bezaubern und in den Käfig sperren. Es ist rein zum Totlachen. Dagegen fehlt die feine Ironie in den andern Szenen, in denen sich eigentlich der Charakter des Ritters zeigt. Er ist dort meistens schwer karikiert und bleibt unendlich weit hinter der Dichtung zurück. Ich kann mir aber vorstellen, wie prächtig die Bilder zum rasenden Roland[6] sein müssen, ein Stoff, der ganz für Doré geschaffen ist, und selbst einiges aus der Bibel, nämlich das Fabelhafte und Heroische.

Nun teures schönstes Liebchen, laß diese Bemerkungen so nebenhin laufen, halte mich nicht für undankbar, daß ich zu wenig oder zu kühl an Dich denken sollte. Je inniger Deine Briefchen werden, desto mehr verstumme ich; es ist, wenn ich sie lese, wie ein fortwährendes Zustimmen in mir; ja, so habe ich mir mein Marthchen gewollt, so ist sie jetzt. Mag sie nur so bleiben und recht gesund dazu.

Was hast Du denn zu Deinem Geburtstag bekommen? Und warum schreibt Minna, Du hättest dies Jahr drei[7] gehabt? Von mir bist Du heuer armselig bedacht worden, wirklich. Warte nur, wenn's mir gut geht, halte ich Deinen Geburtstag besser. Wir haben ja so viele Tage zu feiern, an soviel Tagen hab' ich Dich gesehen – und war oft nicht dankbar dafür – und die Erinnerung, Dich gesehen zu haben, reicht hin, einen Gedenktag zu machen.

Gute Nacht, Prinzeßchen, erhalte Dich wohl und habe lieb

Deinen Sigmund

Minna herzlichen Dank für ihren lieben klugen Brief, der nur eine weniger geistvolle Antwort zuläßt, die aber nicht lange auf sich warten lassen soll. Sie soll einmal Schönberg nicht schreiben, damit er mir auch antworten kann.

Bin ich so schläfrig oder habe ich heute so schlecht geschrieben? Ich kann's ja kaum wieder lesen. Ich lasse auch oft Worte aus, nicht wahr? Noch einen herzlichen Gruß, Marthchen.

Wien, 28. August 1883, Dienstag nachts

Mein teures Mädchen

Ich kam heute ganz ratlos zu meinem Patienten, woher ich die nötige Teilnahme und Aufmerksamkeit für ihn nehmen würde; ich war so matt und apathisch. Aber das schwand, als er zu klagen begann und ich zu merken, daß ich hier ein Geschäft und eine Bedeutung habe. Ich glaube, ich habe mich nie wärmer um ihn angenommen, nie mehr Eindruck auf ihn gemacht; es ist so ein Segen in der Arbeit. Und nun bin ich wohl und gesammelt, ich werde mich strenge halten, um nicht wieder in solche allgemeine Schwäche zu verfallen, das Bewußtsein der gesammelten Bereitschaft ist doch das Höchste, was der Mensch in sich finden kann. Es ist das, wovon der Dichter sagt:

> Ich fühle Mut, mich in die Welt zu wagen,
> Der Erde Glück, der Erde Leid zu tragen [8]

Die Stimmung, wofür ein noch größerer Dichter den erhabensten Ausdruck in den Worten gefunden hat:

> Let us consult,
> What re-inforcement we may gain from hope;
> If not, what resolution from despair. [9]

Ich habe freilich keine Verwendung für diese Stimmung, sie darf sich nicht in einem Entscheidungsringen ausgeben, muß sich für langes zähes Bemühen um einzelne kleine Zwecke aufsparen.

Aber wohl bin ich doch wieder und genußfähig und freue mich, daß ich [in] den schlechten Tagen Deiner nicht mit geringerer Zärtlichkeit als jetzt gedacht habe. Es kann leicht eine gefälligere Liebe als die meine zu Dir geben, aber kaum eine ernstere bei kaltem Blut. Wenn ich jetzt auf Dich böse bin, wie ich's aus Anlaß des Reiseprojektes [10] war, ist's doch gleich vorüber, wenn ich's gesagt habe, und ungesagt mag ich's nicht lassen, denn es gräbt sich alles in mich ein und ist dann nicht wegzuätzen, wovon Du ja Beispiele gehabt hast. Aber – nun nichts mehr von mir – Selbstbeschau und Selbstüberhebung gehört auch zu jener erwähnten Stimmung.

Ich bin nicht so bald heute zur Ruhe gekommen; als ich nach Hause kam, hieß es, die Mutter habe auf mich zwei Stunden gewartet, ein kleines Paket gebracht, und ich solle in den Prater, weil der Vater morgen verreise... Der Vater[11] fährt erst morgen nachts. Ich kann's in keiner Gesellschaft mehr lange aushalten, am wenigsten in der Familie, ich bin ja nur ein halber Mensch im Sinne der alten platonischen Fabel, die Du gewiß kennst, und meine Schnittfläche schmerzt mich, sobald ich außer Beschäftigung bin. Wir gehören doch schon zusammen, und wenn wir uns raufen wollen – auch das gehört zur Liebe –, soll es aus nächster Nähe sein.

Was ist nur noch heute geschehen? Ja, mein Buchhändler[12] war bei mir, um meinen Rat einzuholen, ob er ein Buch aus dem Englischen, das ihm der Autor selbst übersetzen will, annehmen soll. Da meine Rechnung recht groß ist, freut es mich, wenn wir so nebenbei in ein persönliches Verhältnis kommen. Das Buch ist mit sehr schönen Abbildungen geziert und ich werde es ihm empfehlen. Er wird mir doch hoffentlich ein Exemplar der Übersetzung schenken. Leider kann ich's Dir nicht schicken, eine pathologische Histologie! Nun, mein teures Liebchen, was für uninteressantes dummes Zeug schreibe ich Dir da. Willst Du noch eine kleine komische Geschichte erfahren, aber darfst mich nicht bemitleiden. Als ich nach Hause kam, fand ich einen Brief von einem Freund, der mich oft besucht (außerhalb des Spitals), ich solle ihm *noch* einen Gulden leihen bis zum Ersten, und den dem Hausmeister übergeben und wenn ich keinen ganzen Gulden habe, so einen halben, aber gleich; am Ersten sei alles wieder gut. Nun belief sich mein Barvermögen auf vier – Kreuzer, von denen ich ihm doch nichts abgeben konnte. Ich beschloß also, da meine gewöhnlichen Bankiers nicht zu Hause waren, einem Kollegen aufzulauern, der mir eine für diese Zeit des Monats sehr beträchtliche Summe schuldet. Der war aber nicht zu finden, ich war auch hungrig und sollte in den Prater gehen, also was tun? Da kam zum Glück ein anderer Kollege daher, von dem ich im Nu einen Gulden geliehen hatte. Aber es war zu spät, ihm davon was zu schicken, ich mußte in den Prater, also hat er heute nichts gehabt, wenn mein Schuldner morgen zahlt, soll er was haben. Wir werden wahrscheinlich beide einmal reiche Leute, aber ist das nicht ein köstliches Zigeunerleben, Marthchen? Oder bist Du für den Humor davon nicht empfänglich und beweinst mein Elend? Laß Dir's

nicht zu Herzen gehen, ehe Du Dein Geschmeide verkaufen kannst, mich
zu retten, bin ich wieder ein wohlhabender Mann.

Und nun gute Nacht, süßes Prinzeßchen, wenn ich mehr sachlich und
weniger gefühlvoll schreibe, habe ich eine kleine Absicht dabei – und die
sollst Du erraten.

Dein getreuer Diener Sigmund

Wien, 29. August 1883, Mittwoch abends

Meine geliebte Martha

Dein reizendes kluges Briefchen und die treffliche Beschreibung des
Wandsbeker Marktes haben mich sehr erfreut und kommen zu meiner
anhaltenden Besserung – wenn nicht noch Katarrh wäre, könnte ich sagen Wohlbefinden – so recht passend. Du denkst ja fast wie Wagner in
›Faust‹ in dem schönen Spaziergang, und ich sollte mit der überlegenen
Milde des Dr. Faust antworten »Hier bin ich Mensch, hier darf ich's
sein.« Aber nein, Geliebte, Du hast ganz recht, es ist nicht schön und
erhebend anzuschauen, wie sich das Volk vergnügt, wir wenigstens haben nicht mehr Geschmack dafür und unsere geträumten oder schon ge-
nossenen Vergnügungen, ein Plauderstündchen mit der Geliebten, die
sich an uns schmiegt, und Lektüre, die was wir denken und empfinden
mit greifbarer Deutlichkeit vor uns hinstellt, das Bewußtsein, den Tag
über was geleistet zu haben, die Erleichterung bei der Aufklärung eines
Problems, das ist alles so verschieden davon, daß es Affektation wäre, sich
an solchem Schauspiel, wie Du es beschreibst, innig zu erfreuen.

Aber nun verzeih, wenn ich mich selber zitiere, es fällt mir ein, was ich
bei der Carmenvorstellung gedacht habe: Das Gesindel lebt sich aus und
wir entbehren. Wir entbehren, um unsere Integrität zu erhalten, wir
sparen mit unserer Gesundheit, unserer Genußfähigkeit, unseren Erre-
gungen, wir heben uns für etwas auf, wissen selbst nicht für was – und
diese Gewohnheit der beständigen Unterdrückung natürlicher Triebe
gibt uns den Charakter der Verfeinerung. Wir empfinden auch tiefer und
dürfen uns darum nur wenig zumuten; warum betrinken wir uns nicht?
Weil uns die Unbehaglichkeit und Schande des Katzenjammers mehr Un-
lust als das Betrinken Lust schafft; warum verlieben wir uns [nicht] jeden
Monat aufs neue? Weil bei jeder Trennung ein Stück unseres Herzens
abgerissen werden würde, warum machen wir nicht jeden zum Freund?
Weil uns sein Verlust oder sein Unglück bitter betreffen würde. So geht
unser Bestreben mehr dahin, Leid von uns abzuhalten, als uns Genuß zu

verschaffen, und in der höchsten Potenz sind wir Menschen wie wir beide, die sich mit den Banden von Tod und Leben aneinander ketten, die jahrelang entbehren und sich sehnen, um einander nicht untreu zu werden, die gewiß einen schweren Schicksalsschlag, der uns des Teuersten beraubt, nicht überstehen würden. Menschen, die wie jene Asra[13] nur einmal lieben können. Unsere ganze Lebensführung hat zur Voraussetzung, daß wir vor dem groben Elend geschützt seien, daß uns die Möglichkeit offenstehe, uns immer mehr von den gesellschaftlichen Übeln frei zu erhalten. Die Armen, das Volk, sie könnten nicht bestehen ohne ihre dicke Haut und ihren leichten Sinn; wozu sollten sie Neigungen so intensiv nehmen, wenn sich alles Unglück, das die Natur und die Gesellschaft im Vorrat hat, gegen ihre Lieben richtet, wozu das augenblickliche Vergnügen verschmähen, wenn sie auf kein anderes warten können? Die Armen sind zu ohnmächtig, zu exponiert, um es uns gleichzutun. Wenn ich das Volk sich gütlich tun sehe mit Hintansetzung aller Besonnenheit, denke ich immer, das ist ihre Abfindung dafür, daß alle Steuern, Epidemien, Krankheiten, Übelstände der sozialen Einrichtungen sie schutzlos treffen. Ich will diese Gedanken nicht weiter verfolgen, aber man könnte darlegen, wie ›das Volk‹ ganz anders urteilt, glaubt, hofft und arbeitet als wir. Es gibt eine Psychologie des gemeinen Mannes, die von der unserigen ziemlich unterschieden ist. Sie haben auch mehr Gemeingefühl als wir, es ist nur in ihnen lebhaft, daß sie einer das Leben des andern fortsetzen, während jedem von uns mit seinem Tod die Welt erlischt.

Mein geliebtes Mädchen, wenn Dir solches Geplauder nicht gefällt, so verbitt es Dir nur. Du kennst Deinen ganzen Einfluß auf mich nicht und darfst nicht aus der Art, wie ich in einigen Dingen, die mit den Grundbedingungen und den Erlebnissen unseres Bündnisses zusammenhängen, schroff bin, aufs andere schließen. Ich bin ganz gefaßt, daß mich Prinzeßchen ganz bevormunden wird. Von der Geliebten läßt man sich gerne beherrschen; wären wir nur schon so weit, Marthchen.

Das Mädchen, an dessen Schicksal ich solchen Anteil genommen, hat nach wenigen Tagen das Ergreifende für mich eingebüßt. Es waren zuviel Komplikationen dabei, denen in unserem Verhältnis gar nichts analog war, und zuviel Verschulden auf ihrer Seite. Ganz stumpft man sich wohl als Arzt nicht gegen das menschliche Elend ab, soll es auch nicht, man wird aber weniger empfindlich, wenn man sein eigenes Glück im Hause hat...

Mit Pfungen habe ich beständig sachliche Reibungen, ich bin so weit, daß ich ihm vor Meynert widerspreche. In allen Dingen, über die von Meynert Entscheidungen erfließen, behalte ich natürlich recht, denn er steckt voller Verschrobenheiten und Wahnideen, aber ich muß mir doch sagen, daß ich einen tyrannischen Zug in meinem Wesen habe, daß es mir furchtbar schwerfällt, mich unterzuordnen. Du weißt es gewiß schon, aber wenn Du mich trotzdem lieb hast, so kann ich auch damit glücklich werden.

Jede freie Tagesstunde verwende ich auf die Arbeit, mit deren Beginn ich nicht unzufrieden bin, ich glaube nicht, Marthchen, daß ich gegen Erfolg und Mißerfolg so exorbitant reagiere, wie Du schreibst. Mit meiner Methode bin ich noch nicht im reinen, sie geht, aber ich habe sie nicht immer [in] der Hand, sie leistet nicht immer dasselbe.

Gute Nacht, meine süße Geliebte, Du mein teures Prinzeßchen. Deine Briefe erfrischen mich so ungemein.

Behalt weiter lieb

Deinen Sigmund

Wien, Samstag, 8. September 1883

Mein teures Marthchen

Was kann es denn sein, was Du Dir wünschest und nicht getraust zu sagen? Ich bin ja schon so neugierig, besonders da Schönberg mir erzählt hat, daß bei ihm was Ähnliches schwebt. Was kann es denn sein? Ein Zahn aus dem Kiefer des Kalifen, ein Kleinod aus der Krone der Königin Viktoria, ein Autograph eines Riesen, oder sonst was Phantastisches, was meine sofortige Bewaffnung und Abreise nach dem Morgenland nach sich ziehen muß?

Oder liegt, was mein Liebchen wünscht, näher, am Ende doch nicht gar eine Tat der Überwindung des eigenen Selbst; soll ich zu Jom Kippur fasten, mich mit wem versöhnen, den ich nicht leiden mag? O pfui, mein Marthchen wird ihre Macht nicht mißbrauchen, um mich zu Handlungen zu bewegen, die des Sinnes wie der Aufrichtigkeit entbehren. Ich hoffe, sie wünscht etwas für sich und ich hoffe, ich kann es haschen und ihr geben...

Meine größte Sorge ist jetzt, Schönberg über den Winter[14] weg zu bringen; ein Bruder macht Schwierigkeiten; ich warte die Ankunft des anderen ab, um meine Kräfte zu versuchen; es ist selbst eine gewisse Möglichkeit, daß er als Hofmeister unabhängig von den Brüdern nach der Riviera geht. Ich glaube aber, es wird auch bei den Brüdern gelingen. Deine Lektürebeichte, Prinzeßchen, hat mich höchlich amüsiert. Du willst doch nicht recht anbeißen nach dem alten Satz: Was der Bauer nicht kennt...

Lies nur den ›Don Quijote‹ zu Ende, der zweite Teil ist von sehr viel

Abb. 7: Prof. Theodor H. Meynert

Anstößigem des ersten frei und viel phantastischer. Ich bin auch ganz einverstanden, daß Du mir im Winter oder wenn das schlechte Wetter angeht, jeden zweiten Tag schreibst, um Dich bißchen rühren zu können; ich bin doch Deiner sicher und denke in heiterem ungetrübtem Glücksbewußtsein an Dich. Aber, Marthi, dann mußt Du jeden zweiten Tag auch mehr schreiben, sonst bekomme ich doch vielleicht einen ungezähmten Hunger nach mehr Nachrichten von Dir.

In der Reiseangelegenheit habe ich nun nicht mehr zu wählen und Du nicht mehr zu entscheiden; Dr. Widder kann am Fünfzehnten nicht fort, weil sein Chef auf Urlaub ist und er die Abteilung leitet. Von Baden hält mich eigentlich auch ein Bedenken ab, ob es gut ist bei B.s zweifelhafter Stellung zu Rosa einen intimen Verkehr zu pflegen, der irgendwie etwas wie ein Rechnen auf spätere Beziehungen verraten könnte. Oder glaubst Du, daß es zu weit hergeholt ist? Ich bin übrigens sehr wohl und sehr faul und da ich jeden Abend mit Schönberg verbringe, sehr angenehm angeregt. Breuer ist noch nicht da, ich erwarte ihn mit persönlich und sachlich begründeter Ungeduld, es ist übrigens jetzt so schlechtes Wetter, daß er nicht lange ausbleiben kann. Ich glaube wohl, er kommt am Montag.

Deine Briefchen lassen mich ganz deutlich erkennen, daß Du wohl bist, aber [ich] bitte Dich, schreib mir, wie Du aussiehst, ob Du an Gewicht zugenommen hast, ob Du mehr wohl und reinerer Haut bist als bei Deiner Abreise, sonst, sonst frage ich bei Minna an, oder komme nach dem Verkauf meiner Bibliothek selber, Dir im Gehölz aufzulauern, mich zu überzeugen und noch am selben Abend abzureisen. Willst Du das, Geliebte? Und was macht das kalte Bad, ist es wieder zu kalt dazu?

Sei mir herzlich gegrüßt, mein teures Liebchen von

Deinem getreuen Sigmund

Grüße mir Minna herzlich, ich werde nächstens einen langen Brief an sie verfassen.

Wien, Sonntag, 9. September 1883, 3 Uhr nachmittags

Mein Liebchen

Sag doch nie mehr, daß Du kühl bist und das rechte Wort nicht findest, Du schreibst ja so unaussprechlich lieb, so ergreifend zärtlich, daß ich Dir gar nicht anders antworten könnte als durch einen langen Kuß und eine innige Umarmung. Ich hoffe, es wird einmal eine angenehme Erinnerung sein, wenn ich Dir erzähle, wie ich mich nach Dir gesehnt, und ich

Abb.8: Minna Bernays, Marthas Schwester, 1885

werde mir's immer nicht glauben wollen, daß ich Dich so nahe habe. Ich darf gar nicht viel daran denken, sonst schwindet mir die Geduld, es bis dahin zu ertragen.

Nun in Beantwortung all Deiner lieben Fragen laß mich doch bemerken, daß ich kein so kranker Mann bin wie Du glaubst. Ich befinde mich seit jenen schlechten Tagen, die eigentlich auch mehr eine Unterbrechung der Gesundheit als eine Krankheit darstellten, sehr wohl, die Untätigkeit behagt mir für so kurze Zeit sehr gut, und wenn es mit Baden nichts werden sollte, bin ich doch nicht zu bedauern; mit Kaschau ist es nichts, wie Du heute schon weißt. Ich will auch gar nicht mich fortan auf die faule Haut legen, nur der aufreibenden Jagd nach Auszeichnung entsagen und mich, ganz wie Du sagst, leistungs- und genußfähig für unser Zusammenleben erhalten. Ich dachte mir immer, es gibt einen kurzen und einen langen Weg, etwas zu leisten; wenn mir der kurze versperrt wird, begebe ich mich vertrauensvoll auf den langen, und das ist jetzt mein Fall geworden. Daß Du so ehrgeizig warst, mein süßes Kind, hat mich so entzückt; aber ich war es eigentlich nicht, ich suchte in der Wissenschaft die Befriedigung, die die Weile des Mühens und der Moment des Findens bietet, ich war nie einer von denen, die den Gedanken nicht ertragen konnten, daß der Tod sie wegspülen werde, ohne daß sie ihren Namen auf einen Felsen an der Brandung gekritzelt hätten. Denke ich mir aber, wie ich jetzt gewesen wäre, wenn ich Dich nicht gefunden hätte, ohne Ehrgeiz, ohne viel Freude an den leichteren Genüssen der Welt, ohne im Banne des Goldzaubers zu stehen und dabei mit ganz mäßigen geistigen und ganz ohne materielle Mittel, ich wäre so elend umhergeirrt und verfallen. Du gibst mir jetzt nicht nur Ziel und Richtung, auch soviel Glück, daß ich mit der sonst armseligen Gegenwart nicht unzufrieden sein kann, Du gibst mir Hoffnung und Sicherheit des Erfolgs. Ich wußte es, als Du mich nicht lieb hattest und ich weiß jetzt, daß Du mich lieb hast und Deinetwegen bin ich ein selbstbewußter mutiger Mann geworden.

Marthi, mein süßer Schatz, unser Glück ruht endgültig in unserer Liebe, ich will nicht mehr als Du für uns willst, nicht aus Feigheit, sondern weil ich die Nichtigkeit aller anderen Wünsche im Vergleiche mit Deinem Besitz erkenne. Und Du bist so lieb und gut. Von Nachrichten, mein Liebchen, habe ich nur, daß Schönberg täglich bei mir ist, daß ich mit seinem Zustand ganz zufrieden bin, aber sehr seine italienische Reise betreiben werde, sobald sein Bruder Alois zurück ist. Die Mutter ist gestern fieberhaft erkrankt, ein kleiner Nachschub ihres alten ausgebreiteten Lungenleidens, sie ist heute schon fieberlos gewesen; ich muß aber jetzt täglich nach Hause. Pauli[15] ist auch nicht wohl. Mit Dolfi[15] habe ich gestern einen Ausflug nach Pötzleinsdorf gemacht, sie hat mich, während ich beim Patienten war, abgewartet, und wir sind dann über Dornbach zurückgegangen. Sie ist die liebste und beste von den Schwestern und hat so eine reiche Innigkeit und eine leider allzufeine Empfindlichkeit. Von Dir haben wir natürlich am meisten gesprochen, und sie wird Dir immer eine herzliche Freundin sein, ihr Instinkt läßt sie erraten, was ihr Urteil ihr nicht geben kann.

Marthi ist es möglich, daß Deine Wünsche, über die ich mir so lange den Kopf zerbrochen, sich auf ein ›Reisstrohwaschel‹ beschränken? Nicht doch, Du wünschest Dir doch noch etwas anderes und sagst es mir, wenn Du dies liesest, habe ich ja doch wieder Geld. Dir was zu schicken, lohnt sich immer so durch die Freude, die Du darüber hast, auch wenn der Gegenstand es nicht verdient... Aber nicht wahr, Du siehst die Absicht darin?

Mein herziges Liebchen, ich wollte Dir heute mehr schreiben, aber Schönberg und Franceschini waren den ganzen Nachmittag bei mir, dann haben wir zusammen Nachtmahl gegessen, und nun bin ich schläfrig geworden und bin unglücklich genug, Dir schreiben zu müssen, anstatt Deine süßen Lippen küssen zu dürfen.

So laß uns denn mit einem herzlichen Gutenacht-Gruß Abschied nehmen für diesen Tag.

In treuer Liebe

Dein Sigmund

Wien, Sonntag, 16. September 1883

Mein süßes Weibchen

Ich will auch um etwas bitten: daß Du als Sühne für manchen schlechten Gedanken und manches Urteil, das Dir nicht gerecht geworden ist, die beiden Dinge, die Du Dir gewünscht hast, von mir annimmst. Das kleine Lexikon will ich besorgen, und was die Jacke kostet, mußt Du mir schreiben. Hab ich's jetzt nicht, so will ich mir's für später vorbehalten, für den nächsten Monat. Versag Dir doch, Du Teure, nicht jeden kleinen Luxus, ich tu's ja auch nicht, und Du bist so jung und kannst Dich so herzlich freuen und ich weiß, alle Leute, die Dich sehen, möchten Dir was zuliebe tun, warum soll ich's nicht dürfen? Dein Briefchen trifft mich wie eine Engelsstimme, erhebt mich über alle törichten Sorgen um Dich und über meinen tief erschütterten Gemütszustand. Ich wollte es Dich nicht am Monatstage wissen lassen, heute kann ich es Dir gar nicht mehr verbergen, ich komme eben vom Leichenbegängnisse meines Freundes Nathan Weiß[16].

Am Dreizehnten um zwei Uhr nachmittags hat er sich in einem Bad auf der Landstraße[17] erhängt. Er war noch keinen Monat verheiratet, seit zehn Tagen von der Hochzeitsreise zurück. Er ließ zwei Briefe zurück, in dem einen bat er die Polizei, seine Eltern schonend zu verständigen und nichts in die Zeitungen kommen zu lassen, der andere war an seine Frau gerichtet. Am Donnerstag abends war es schon im Spital bekannt, ein Kollege eilte in die Wohnung, um ihn zur Beschämung des Gerüchtes ins Spital zu bringen; sie war gesperrt. Sein Bruder, erster Secundararzt im Spital, bestätigte die Nachricht. Freitag früh kam Lustgarten[18] zu mir, als ich noch zu Bette war, bald darauf zwei andere Kollegen, alle mit der gleichen Nachricht, aber wir glaubten es nicht, es war zu schwer, sich den Menschen tot und stille vorzustellen, denn soviel Unruhe, soviel Lebensfreudigkeit hatten wir in keinem Menschen vereint gesehen. Noch jetzt, nachdem ich die Erdschollen auf seinen Sarg habe kollern hören, kann ich mich an den Gedanken nicht gewöhnen.

Und warum? Er war auf dem Weg, alles zu erreichen, wonach er gestrebt hatte, er war Dozent, genoß einen ansehnlichen Ruf in seinem Fache; seitdem er eine Abteilung im Krankenhaus leitete, war ihm eine große Praxis sicher, er hatte eben eine Heirat durchgesetzt – aber das war es eben, die Einzelheiten, die ihn in den Tod getrieben haben, sind uns unbekannt, aber daß sie an seine Heirat anknüpften, daran ist kein Zweifel. Ich weiß nicht mehr, wieviel ich Dir von der Vorgeschichte dieser Heirat erzählt habe, ich glaube, ich muß alles hier wiederholen, was ich von ihm weiß, denn er ist nicht etwa an einem Zufall gestorben, sein Wesen hat sich vielmehr erfüllt, seine guten und bösen Eigenschaften sich vereinigt, ihn zum Scheitern zu bringen, sein Leben war wie von einem Charakterdichter komponiert, und sein Tod wie die notwendige Katastrophe.

Sein Vater ist Lektor an der hiesigen Religionsschule, ein sehr begabter Gelehrter, der, wenn er das Chinesische anstatt des Rabbinischen zu seinem Studium hätte, gewiß Universitätsprofessor wäre, aber dabei ein ganz harter, schlechter, roher Mensch. Mein Vater ist ein Greuel, pflegte Nathan zu sagen. Die Mutter ist eine brave, einfältige, gutmütige Frau, die dem Manne ohne innerliches Zusammenleben viele Kinder brachte und alles Elend mit ihm teilte. Es gab keine Liebe in dem Hause und bittere Armut, keine Erziehung und viele Anforderungen. Der maßlosen Eitelkeit des Vaters zu genügen, mußten alle Söhne studieren, sie brachten es meist nicht weit, verlumpten sich, einer erschoß sich vor einem halben Jahre, weil er keinen andern Ausweg wußte. Nur Nathan und ein

Bruder, jetzt im Spital, vollendeten. Nathan war der begabteste, er hatte das volle Talent des Vaters, aber er war doch eine gutmütige Natur. Man hielt ihn nicht gar oft dafür, es hieß immer, er sei ein schlechter Kerl, und manche seiner Handlungen stimmten gut dazu.

Aber das kam daher, daß das Treibende in ihm die Selbstliebe war, fast möchte ich sagen, die Selbstanbetung. Er war auch ausgezeichnet ausgerüstet, sich durch die Welt zu bringen und solange es ihm schlecht ging, war er nie wählerisch, durch welche Mittel. Er war nicht imstande, Kritik an sich zu üben, übersah, vergaß und vergab alles, was er schlecht gemacht hatte und was ihn schlecht machen konnte, alles, was seinem Selbstgefühl wohltat, pflegte er und hielt es den andern vor. Breuer sagte mit Recht von ihm, er erinnere ihn an eine kleine Geschichte, wie der alte Zwickauer seinen Sohn fragt: Mein Sohn, was wüllst du wörden? Und der Sohn antwortet: Vütriolöl, dönn das frißt süch überall durch. Weiß war wirklich Vitriol, und er hat sich wirklich durchgefressen. Dem riesenhaften Selbstgefühl entsprach eine Energie ungewöhnlicher Art, ein Vermögen, sich einzubohren und nicht abzulassen. Doch dankt er eigentlich seine Erfolge nicht dieser, ich habe ihn immer von einem andern Punkt aus verstanden. Für das Primäre seines Wesens habe ich die großartige Lebensfreudigkeit gehalten.

Er hatte eine Freude an seinem Sprechen, an seinem Denken, ja selbst an den geringfügigen, indifferenten Handlungen des gewöhnlichen Lebens und war überzeugt, daß niemand die so gut machen könne wie er. In allem, was er sprach und dachte, war eine Plastik, eine Wärme, ein Gefühl der Wichtigkeit, das über den Mangel an tieferem Gehalt hinwegtäuschen mußte. Denn seine Begabung war nicht bedeutend, er wußte wenig, drang nie tief ein und von den Grundbedingungen der Wissenschaftlichkeit: Kritik und Gründlichkeit fehlte ihm alles. Seine Leistungen sind dementsprechend von mittelmäßigem Wert, ohne originellen Inhalt. Alles wirkte sein Temperament, seine Persönlichkeit, die Lebhaftigkeit und Klarheit seiner Vorstellungen. Es ging damit ähnlich wie mit den beiden Wanderern in dem bekannten Gedichtchen von Anton Auersperg[19]: Wiesen, Wald, Sonnenschein sagen beide, aber wie anders sagen sie es. Wenn Weiß eine bekannte Tatsache erzählte, machte sie den Eindruck einer großen Entdeckung, die er neu gemacht, wenn er einen in seinem seltsam witzigen Kauderwelsch als »einen blamierten Mitteleuropäer« anfuhr, hielt man sich wirklich für blamiert, man konnte sich so wenig des Glaubens an seine Beteuerungen erwehren als des Lachens, wenn jemand lacht und des Gähnens, wenn jemand gähnt. Einen großen Teil der guten Meinung, die man von seiner Tüchtigkeit hatte, hat er direkt den Leuten eingeredet, denn er war immer da, packte jeden an, sprach nur von sich und von sich nur als dem besten, tüchtigsten Kenner des Gegenstandes, mit dem er sich gerade beschäftigte. Ein positives Moment in seiner Begabung war noch die Raschheit, mit der er dachte, und der Witz, mit dem er kombinierte. Man kann geradezu sagen, sein Selbstgefühl war bloß die physiologische Folge der Lebhaftigkeit, Raschheit und Klarheit seiner Vorstellungen. Er war immer so, wie wir in einem Champagnerrausch wären, daß wir uns leicht, kraftvoll glücklich fühlen und machte auch mit seiner unaufhörlichen Bewegungsflucht den Eindruck des ›Tollen‹, Maniakalischen. Es ist uns allen darum so schwer, ihn tot zu glauben, niemand hat ihn auch nur einen Moment lang ruhig gesehen.

Er war immer konzentriert, immer mit demselben beschäftigt, wurde darum so einseitig, daß es ihm nicht nur an Interesse für alle Wissenschaft außerhalb gewisser Partien der Medizin, sondern auch an aller Genußfähigkeit für menschliche und natürliche Dinge fehlte. Er ist durch vierzehn Jahre nicht aus dem Krankenhaus herausgekommen, wirbelte wie ein rasch gehender Automat aus dem Haus ins Gasthaus, ins Kaffeehaus und zurück. Seine Erholung war das Kartenspiel oder Schach, worin er Meister war, und trotz der Aufregungen, in die er dabei verfiel, und wo er sich oft sehr gemein zeigte, war es ein Vergnügen, ähnlich wie in einer Theatervorstellung, ihn beim Spiel zu sehen und seine originellen, beißenden Witze anzuhören. Er war auch, als es ihm gut ging, nicht zu bewegen, sich ein Stückchen der schönen Welt anzusehen, als er von der Hochzeitsreise zurückkam, sagte er mir: Ich bin keiner von denen, die stundenlang in einen See schauen und sich dabei begeistern können. Er hatte keinen Verkehr, bei dem er sich irgendwelchen Zwang auferlegen mußte, sah sich nichts an, wußte nicht, was in der Welt vorging. Er war dementsprechend auch manierlos und zynisch, und als Du und Minna ihn sahen und er euch auffallend genug schien, war er in seiner zahmsten und anständigsten Zeit. Einmal, als er noch Student war, verliebte er sich in ein Mädchen, das ihn nicht mochte und einen Mann nahm, der alles besitzt, was ihm abging. Seither hat keine Neigung sein Wesen gemildert.

Seine Erfolge erkaufte er zum Teil auf Kosten seines guten Rufes und hatte wenig Freunde, obwohl man längst nicht mehr ins Gericht mit ihm ging, sondern ihn schalten ließ wie ein Phänomen, das den gewöhnlichen Gesetzen nicht unterworfen ist. Er war der Freundschaft nicht fähig, konnte einen jahrelang sprechen, ohne ihn einmal zu fragen, was er mache, aber er war sehr mitteilsam und, wen er am öftesten sah, dem sagte er am meisten. Es schien, als ob er bei offenen Türen leben würde, erst nach seinem Tod haben wir erfahren, daß er viel verheimlichte. Für mich hatte er mehr auf Respekt basierte Freundschaft als für viele andere und hatte mich liebgewonnen. Er sprach davon, mich zu seinem Erben zu machen, wenn er sterbe, mir unbegrenzt zu Diensten zu stehen. Es fiel das in die Zeit, als sein Ehrgeiz sich durch seine natürliche Gutmütigkeit beeinflußt, auf edlere Ziele richtete. Er tat nichts Gemeines mehr, als er es nicht mehr notwendig hatte, seine wirklichen Leistungen milderten den Anschein seiner Überhebung, die Anerkennung, die seinen Fähigkeiten wurde, machte es ihm überflüssig, sie erkaufen zu wollen. Nun wollte er auch [als] ein edler uneigennütziger Mensch erscheinen, für seinen Charakter dasselbe erreichen, was er für seine Tüchtigkeit erreicht hatte. Darum sein Edelmut gegen mich, darum die Reihe von Vorsätzen, die ihn in den Tod trieben. Vielleicht beeinflußt durch das Liebesglück um ihn her, suchte er sich's auch zu schaffen, suchte und suchte und ließ sich keine Zeit und Gelegenheit, ihm zu begegnen. Wo ein Kollege eine Braut hatte, fragte er nach der Schwester, kam immer zu spät. Er ließ sich in reiche Häuser bringen, aber ob er dort nicht die Rolle gespielt, die er anstrebte, ob er zufällig nichts fand, er erklärte, daß er ein armes Mädchen heiraten wolle. Er wollte ein Mädchen beglücken und der Welt imponieren. Auf seiner Liste standen drei Objekte, Helene Fein, die junge Hammerschlag[20] und – unsere Rosa, die er vielleicht einmal gesehen hatte. (Ich erfuhr das erst gestern.) Er machte sich an die Eroberung der ersten, vielleicht weil er doch etwas Wohlstand mitnehmen wollte. Ich erinnere mich noch deutlich des Tages vor drei Jahren, als er mir sagte: »Heute war eine Frau bei mir, um sich behandeln zu lassen, mit ihren zwei Töchtern. So reizende Leute, wenn ich Geld hätte und nicht krank wäre (damals hielt er sich dafür), die ältere würde ich gleich heiraten.« Es war seine spätere Frau, die er im Gedächtnis behielt, ohne im Verkehr mit ihr zu bleiben. Er stellte sich den Verwandten vor und warb um das Mädchen. Den Verwandten war er gleich recht, das Mädchen widerstand lange. Er scheint eine Brunhilde getroffen zu haben, ein sprödes, wenig hingebendes, sehr anspruchsvolles Wesen. Sie galt für klug und besonnen; ich sah zwei Briefe von ihr, die mir den Eindruck von gesunder nüchterner Solidität machten, wenig weibliche Verfeinerung in Schrift und Ausdruck. Sie war sechsundzwanzig Jahre alt, hatte viele gute Partien ausgeschlagen, schien kein Bedürfnis nach einer Liebe zu haben. Er bewarb sich nun stürmisch, traf nichts als Kritik und Abweisung. Er sei arrogant, manierlos, habe tausend Fehler, die er ablegen müsse, das ließ er sich alles sagen, versprach sich zu bessern, wurde milde, enthielt sich

53

des Schimpfens, man konnte ihn in dem Zustande mit Mädchen zusammenbringen. Endlich gab sie nach, glaubte ihn zu lieben, war vielleicht im Beginn einer Neigung, sie konnte es ja nicht wissen, weiß doch kein Mädchen, das zum ersten Male liebt, ob das die wahre Liebe sei. Er füllte die Welt mit der Nachricht seines Glücks, nach der Mitgift befragt, antwortete er immer, darum habe er sich nicht gekümmert. Allmählich wurde er mißlaunig und endlich mitteilsam. Es habe Zwistigkeiten zwischen ihnen gegeben – den Anlaß übersprang er –, und das Mädchen sei jetzt melancholisch, weine, spreche nicht, habe keine Freude an seinem Verkehr. Es kam auch heraus, daß alle Schwestern hysterisch wären. Ich suchte ihn zu trösten, das Mädchen, das offenbar feinfühlig und gewissenhaft sei, merke, daß ihre Neigung für den nahen Termin der Hochzeit nicht stark genug sei. Es könne nicht anders sein bei so kurzer Bekanntschaft, er solle ihr Zeit lassen, nicht in sie dringen. Nun setzte er aber seinen Ehrgeiz darein, sie zu gewinnen, warb immer glühender, machte ihr Geschenke um tausend Gulden, gab eine große Summe für ihre Ausstattung, machte sein ganzes Erspartes flüssig, um die Wohnung prachtvoll einzurichten und ihr den Verzicht schwer zu machen – und es wurde immer ärger.

Als er mir erzählte, daß sie ihn gebeten, ihre Schwester zu heiraten, und daß sie sich momentan erleichtert gefühlt, nachdem man ihr einen Aufschub der Hochzeit zugestanden, war mir klar, daß sie ihn nicht möge, und ich erzählte es Breuer. Breuer sagte, das größte Unglück könne entstehen, wenn ein Mädchen so zur Ehe schreite, und solche Verhältnisse pflegen damit zu enden, daß sich einer in der Verwandtschaft finde, der erklärt: Ich lasse Dich nicht heiraten. Der fand sich nicht, die ganze Verwandtschaft drängte die Arme. Sie wurde auf eine kleine Reise geschickt und kam nicht anders zurück. Nun bat ich ihn, zu glauben, daß sie ihn nicht liebe und zu verreisen, wenn er wiederkomme, werde er kühler denken, werde sie geklärt antreffen, und dann könne es zur definitiven Entscheidung kommen. Er vertrug aber den Gedanken nicht, daß ein Mädchen ihn ablehnen könnte, er opferte alles so rücksichtslos dem einen Zweck, nicht vor die Welt mit einem Mißerfolg treten zu müssen. Die Verwandten bedrängten sie so unklug, daß sie, die nicht den Mut zu einer entschiedenen Ablehnung fand, auf den Aufschub verzichtete. Fünf Tage nachdem er mir versprochen hatte, zu verreisen, war die Hochzeit. Sie soll gesagt haben: Jetzt heißt es schnell heiraten oder gar nicht. Warum sie sich geweigert, ist nicht schwer zu erraten. Ich glaube, er ließ zu früh allen Zwang fallen, den er sich auferlegt hatte, und physische Abscheu und moralisches Mißfallen erstickten rasch bei dem noch ganz kühlen und empfindlichen Mädchen alle Neigung. Er aber glaubte, ihre Liebe so erzwingen zu können, wie er seine andern Erfolge erzwungen hatte, und falsche Scham verhinderte ihn, der Welt zu erklären, daß er abgewiesen worden sei. Nach der Hochzeitsreise sah ich ihn nur einmal, er war nicht allein und sprach sich nicht aus; Paneth sah ihn noch am Zwölften dieses Monats, fragte ihn nach seiner Ehe, er sagte, er habe schon was Schöneres gesehen, schalt sich selbst einen Pfründner, es war wiederum jemand dabei, der alles Vertrauen hemmte. Man sah ihn nirgends, wollte den jungen Ehemann auch nicht stören, wußte nur, daß ihre Familie beständig oben stecke. Am Dreizehnten hängte er sich auf. Was ist nun vorgegangen?

Die Welt hat die häßlichsten Anklagen gegen die unglückliche Frau zur Erklärung bereit. Ich glaube nicht daran. Ich glaube, die Erkenntnis, einen schweren Mißerfolg erfahren zu haben, die Wut abgewiesener Leidenschaft, der Zorn, seine ganze wissenschaftliche Laufbahn, sein ganzes Vermögen gegen häusliches Unglück aufgegeben zu haben, vielleicht auch der Ärger, daß er um die ihm versprochene Mitgift geprellt worden, dazu die Unfähigkeit, vor die Welt hinzutreten und es zu bekennen, das alles mag den maßlos eiteln Mann, dem es an Neigung zu schweren Aufregungen nicht fehlte, nach einer Reihe von Szenen, die ihm seine Lage klarlegten, zur Verzweiflung gebracht haben. Er starb an der Summe seiner Eigenschaften, seiner krankhaft schlechten Selbstliebe, wie an seinen auf Edleres gerichteten Anforderungen.

Über seinen Leichnam begann der Hader der Familien und an seinem offenen Grab ertönte ein laut disharmonischer Schrei nach Rache, so ungerecht und rücksichtslos, als hätte er ihn selbst ausgestoßen. Der Lektor Friedmann, ein Verwandter und Kollege seines alten Vaters, begann: »Dein Name war Noah, und die Eltern knüpften daran den Spruch: Du wirst mein Trost und meine Stütze sein im Alter. Und all dieser Trost liegt nun hier. Und es steht geschrieben: Wenn eine Leiche gefunden wird und man weiß nicht, durch wessen Hand er um's Leben gekommen, dann soll man sich an die Nächsten halten, das sind die Mörder. Wir aber, seine Eltern und Brüder, wir haben nicht sein Blut vergossen –«, und nun begann er, in klaren Worten die andere Familie zu beschuldigen, daß sie ihm den Todesstoß versetzt. Dabei sprach er mit der gewaltigen Stimme des Fanatikers, mit der Glut des wilden, erbarmungslosen Juden.

Wir waren alle erstarrt vor Empörung und Scham vor den Christen, die unter uns waren. Es war, als ob wir ihnen ein Recht gegeben hätten zu glauben, daß wir den Gott der Rache, nicht der Liebe anbeten. Pfungen's dünne Stimme verlor sich in dem Nachhall der wilden Anklage des Juden.

Es sind besondere Partezettel[21] von seiner Frau und von seinem Vater ausgegeben worden. Die Zeitungen bringen zweierlei Darstellungen, beide falsch, die eine von ihrer, die andere von seiner Familie. Häßliche Enthüllungen stehen uns vielleicht noch bevor.

So war sein Tod wie sein Leben aus einem Guß, er schreit förmlich nach dem Dichter, der ihn in der Erinnerung der Menschen bewahrt.

Glücklich aber, wen ein süßes Liebchen ans Leben fesselt. Ich kann heute nicht mehr schreiben, Marthchen.

Mit inniger Liebe

Dein Sigmund

Wien, Samstag, 6. Oktober 1883

Mein teurer Schatz

Nun lach mich aus. Nach langer Zeit weiß ich wieder einmal nicht, was ich Dir schreiben soll. Ich bin nämlich so eingesponnen in Zeitunglesen, natürlich medizinische Zeitungen, und Methodenversuchen, daß es mir schon nahe lag, zu beginnen: »die heute fällige Post aus Wandsbek ist ausgeblieben«. Und dann habe ich Dich seit Deinem letzten Briefchen so ungeheuer lieb, daß ich Dir gar nichts weiß als: es ist schade, daß ich hier allein sitze, und daß Du nicht bei mir bist.

Es war ein stiller Arbeitstag, die Morgenvisite mußte ich versäumen, weil ich bis neun Uhr Journal hatte. Dann habe ich fieberhaft neue Methoden versucht, bis ich meinen letzten Einfall umgebracht hatte, nun habe ich noch einen Rest für morgen, den ich gewiß auch umbringen werde. Morgen ist Sonntag, zum Glück habe ich Dienst, was soll man mit seinem Sonntag anfangen, wenn die Einzige, in deren Nähe man gern ausrasten möchte, nicht erreichbar ist. Geduld, wenn ich so gesund und frisch bleibe wie jetzt, muß mir was zufallen. Aber wirklich, fern von Dir Arbeitspausen machen werde ich nicht mehr, da hast Du ganz, ganz recht.

Und Du, was machst Du, wie siehst Du aus, wie, was, ich will alles von Dir wissen, und jeden Tag möchte ich am liebsten alles von neuem hören. Meine Höhle wird recht gemütlich. Schade, daß ich keinen Fleck nennen kann, wo Du gesessen bist. Wenn es aber einen solchen gäbe, so lägen jetzt Zeitschriften darauf. Ich lese mich in die Medizin ein. Heute sind auch meine ersten Beiträge gedruckt worden, natürlich ohne Namensnennung. Je tiefer ich in die Medizin komme, desto schwieriger erscheint mir das Selbstpublizieren. Nicht, weil ich dabei Anforderungen zu entsprechen hätte, die größer wären als etwa vor Jahren. Nein, sondern weil zu den meisten Publikationen so viel Überwindung gehört. Hätten die Autoren mehr Selbstkritik, so würden neun Zehntel derselben nicht Autoren sein. Ich muß sehr viel Gleichgültiges und noch mehr Schiefes lesen und kann doch so was nicht schreiben. Den größeren Teil seines Verstandes braucht man in der Medizin dazu, sich von Unbrauchbarem zurückzuhalten, es ist aber eine geräuschlose Art, verständig zu sein. Nun ich erwarte von größerer Vertiefung in die Sache auch die Lust und Fähigkeit, selbst etwas Brauchbares zu machen.

Marthi, bist Du bös, daß Du solches Zeug von mir hörst. Ach, Du bist gar nicht bös, bist so gut und – im Vertrauen gesagt – Du schreibst so treffend und so klug, daß mir ein klein wenig vor Dir graut. Ich denke, da haben wir's wieder, wie rasch die Frau den Mann überholt. Nun ich verliere nichts dabei.

Leb wohl, mein Mädchen. Mit viel herzlichen Grüßen

Dein Sigmund

Wien, Dienstag, 9. Oktober 1883, nachts

Mein geliebtes Marthchen

Was ich jetzt mache? Ich bin fleißiger als je und wohler als je. Ich arbeite mich meist durch einen Wust von Zeitungen durch, lese zum Teil für mich, zum Teil für die medizinische Wochenschrift, sitze im Laboratorium, wo meine Methode wirklich noch immer geht und sehr schön ausschaut, obwohl mir noch allerlei dabei zu richten bleibt, und früh bis elf Uhr, fast hätte ich daran vergessen, funktioniere ich auf den Krankenzimmern als lernbegieriger, schreibbeflissener, mitunter operativ wirkender Sekundararzt. Der ganze Zustand, mein Liebchen, hat etwas Schweres, Rausch- oder Traumartiges an sich, es ist der rechte, um eine lange Trennung zu überstehen, ob er ein angenehmer ist, läßt sich schwer sagen; persönliche Empfindungen kommen gar nicht dazu, gehört zu werden. Es ist auch eine Art Narkose, immer so viel zu tun zu haben, und Du weißt, ich habe letzthin eine Rettung vor meiner großen Empfindlichkeit und Erregbarkeit gesucht. Die hätte ich nun. Es kommt mir vor, als schlügen die Wellen des Weltlebens gar nicht an meine Türe, ein andermal muß ich den Gedanken gewaltsam abwehren, daß ich ein Mönch wäre, wie ihn Scheffel in seiner Klosterzelle[22] aufsucht. In meinem Hirn gibt's wundersame Einquartierung. Fälle, Theorien, Diagnostik, Formeln beziehen die meist leer gestandenen Hirnräumlichkeiten, die ganze Medizin wird mir flüssig und geläufig, da hausen die Bakterien, die sich

57

bald grün, bald blau färben, da fahren die Ratschläge gegen die Cholera auf, die alle sich sehr schön lesen, wahrscheinlich alle nichts taugen; am lautesten tönt der Ruf: Tuberkulose! Ist sie ansteckend, ist sie erworben, wo kommt sie her, hat Meister Koch[23] in Berlin recht, zu sagen, daß er das Stäbchentier gefunden hat, was sie erzeugt?

Der ganze Traum schwindet, das Leben tritt in meine Zelle, wenn ein Brief von Dir naht, dann verkriechen sich alle die wunderlichen Probleme, dann verblassen die unverständlichen Bilder der Krankheiten, dann verschwinden die hohlen Theorien »nach dem gegenwärtigen Stand der Wissenschaft«, wie es immer heißt.

Dann wird die Welt so warm, so heiter, so verständlich. Mein süßes Liebchen ist kein Wahngebilde, braucht nicht durch chemische Reagentien nachgewiesen zu werden, ja sie ist sogar, obwohl keine Riesin, doch mit freiem Auge sichtbar. Sie hat zum Glück gar nichts mit den Krankheiten zu tun – ich hoffe, sie ist ganz gesund –, nur daß sie so unvorsichtig war, sich einen Arzt zum Geliebten auszusuchen. O Marthi, es ist so viel schöner, ein Mensch zu sein als ein Magazin von gewissen gleichförmigen Erfahrungen. Aber man darf nicht Mensch sein eine Stunde, wenn man nicht elf Stunden lang Maschine oder Magazin war. Und da wären wir wieder beim Anfang.

Morgen hör ich wohl von Dir, mein teures Mädchen. Leb wohl, sei ein bißchen heiter.

Dein getreuer Sigmund

Am Journal, Dienstag, 23. Oktober 1883

Mein geliebtes Marthchen

Mein geliebtes darf ich sagen, trotzdem ich manchmal so schlecht denke und so bös schreibe. Habe ich Dich wieder gekränkt, so stell's zu dem anderen und denke an meine Sehnsucht, meine Einsamkeit, mein ungeduldiges Streben und die Fesseln, die mir angelegt sind. Ich habe so zeitweise wie Anfälle von Übelsehen und Kleinmut, an denen Du Teure und Gute nicht teilnehmen sollst. Du sollst mich dann auslachen und denken, wie bald ich wieder meine Elastizität und mein ungetrübtes Urteil wiederfinde. Heute nachmittag, Mädchen, hatte ich wieder schönen Erfolg, fand eine neue Goldmethode, die dauerhafter als die vorige zu sein verspricht, aber wenn die auch Launen haben sollte, so sehe ich doch das Endergebnis voraus, daß ich nämlich ganz oder nahezu das finden werde, was ich suche.

Das schwere Leben jetzt soll mich nicht verdrießen, wenn wir gesund bleiben und von besonderem Unglück verschont bleiben. Dann erreichen wir gewiß, wonach wir streben, ein kleines Haus, in das vielleicht die Sorge Einlaß findet, aber nie die Not, ein Beisammensein in allem Wechsel des Geschicks, eine stille Zufriedenheit, die uns die Frage erspart, wozu wir eigentlich leben. Ich weiß ja, wie lieb Du bist, wie Du ein Haus zum Himmel verschönern kannst, wie Du teilnehmend, wie Du heiter, wie Du sorgsam sein wirst. Ich werde Dir alle Herrschaft lassen, die Du verlangen [kannst] und Du wirst mir mit inniger Liebe und mit Erhebung über alle Schwächen lohnen, die das Urteil über die Frauen verächtlich machen. Wenn mir mein Wirkungskreis Zeit läßt, werden wir lesen, was wir erfahren wollen, werde ich Dich einiges lehren, was das Mädchen nicht interessiert, solange es den künftigen Gefährten und sein Gewerbe nicht kennt, alles, was geschehen ist und was geschieht, wird durch Dein Interesse daran ein neues für mich gewinnen. Du wirst mich nicht nach dem Erfolg beurteilen, den ich erzwinge oder nicht, sondern nach meinem Wollen und nach meiner Ehrlichkeit. Du wirst es nicht bereuen, die schönen Jahre Deiner Jugend der Treue geschenkt zu haben, und ich werde auf Dich stolz sein. Du wirst in mir lesen können wie in einem offenen Buch, wir werden so glücklich sein, einander zu verstehen und zu stützen. Du wirst mich von allem Kleinlichen abhalten, vom kleinlichen Ärger, vom Neid, vom Geiz nach Unwichtigem, und wenn Du besorgen solltest, mich einer wissenschaftlichen Tätigkeit entzogen zu haben, werde ich lachen und Dir die Geschichte von Benedikt Stilling [24] erzählen, einem Arzt, der vor wenigen Jahren in Kassel gestorben ist, der Wissenschaft in seinen jungen Jahren trieb und dann eine Stellung als Arzt annehmen mußte. Aber durch dreizehn Jahre arbeitete er am Morgen über das menschliche Rückenmark, und ein großes Werk war die Frucht davon, und abends arbeitete er weiter über das Gehirn, und man nennt ihn als den ersten unter den Forschern, denen wir die Kenntnis des edlen Organs verdanken. Das war der Fleiß, die zähe Begeisterung des Juden, nicht einmal mit so viel Talent gepaart, als sonst beim Juden nicht selten ist. Das werden wir auch können.

Meine geliebte Martha, ein Teil von dem, was Du mir sein wirst, bist Du mir schon jetzt. Du sollst mir immer mehr werden. Im Glück halten sich andere gut; wir, mein Marthchen und ich, werden es auch können, wie wir jetzt getrennt und gar nicht glücklich sind.

Gute Nacht, mein teures Weibchen, schütt mir nur immer Dein Herz aus, mir wird so traurig, wenn Du es lange nicht getan hast.

Dein Sigmund

Wien, Donnerstag, 25. Oktober 1883, abends

Mein Herzensmädchen

Ja es ist wahr, wir haben einen Fund gemacht, der vielleicht nicht unbedeutend ist, und Du mußt zulassen, daß ich heute so viel von ihm spreche: Gestern ging ich in meiner Freude noch um halb zehn zu Breuer und dachte mir auf dem Weg allerlei schöne Komplimente aus, die ich der Frau sagen wollte, damit das Gespräch ihr nicht ganz gleichgültig sei. So zum Beispiel »nicht nur Frauen können schön sein, sondern auch Präparate«, und ein zweites, das ich wirklich anbrachte, wie erzählt werden wird. Ich traf niemand zu Hause, setzte mich ins Ordinationszimmer und griff nach dem nächsten Buch, die Zigarrenschachtel suchte ich vergebens. (Diese Rechte habe ich nämlich ein für allemal eingeräumt bekommen.)

Das Buch, das ich erwischte, gefiel mir so ausgezeichnet, daß ich beschloß, es meiner Martha zu schicken. Armes süßes Prinzeßchen, es ist für Dich schon bestellt, gerade jetzt, wo ich Dir zur Freude unseres Erfolges was schenken wollte, bin ich ganz arm. Da nun die Sachen nie so ausgehen, wie man sich's vorstellt, kam Frau Mathilde[25] zuerst nach Hause und teilte mir mit, daß ich den Mann nicht vor elf Uhr zu sehen bekommen werde, er sei zwar eben unten, gehe aber die Kinder abholen, die im Karltheater sind, wo jetzt die Meininger gastieren. Ich solle nicht bös sein; ich war gar nicht bös, sagte nur kurz, der Tag wäre mir heute so angenehm gewesen, daß ich ihn in der besten Gesellschaft, die mir zugänglich ist, beschließen wollte (mein zweites Kompliment, was mir auch einen Händedruck einbrachte), und eilte dann hinunter, wo ich Breuer traf. Wir werden also spazierengehen, sagte er. Wir gingen eingehängt zum Karltheater hin, und als ich mit meinen Neuigkeiten herauskam, und lange davon sprach und endlich um Entschuldigung bat, wenn es ihn nicht interessiert hätte, war es lieb von ihm, zu sagen: Es interessiert mich weniges mehr.

Heute bin ich um drei Uhr zu Fleischl, den ich leider wieder in elender Verfassung treffen mußte; ich zeigte ihm die Präparate der Reihe nach: zuerst die Silber- dann die ersten Goldpräparate, mit der ungetreuen Methode gemacht, dann die neuen. Als ich bei den ersten Goldpräparaten war, kam Brücke angegangen. »Gibt's was zu sehen?« »Bitte, Vergoldungen des Gehirns.« – »Ah, das ist ja sehr schön, und das Gold steht doch im Ruf, da nichts zu leisten.« – »Ja, das ist eine neue Methode, Herr Hofrat.« – »Ja so, Sie werden ja noch durch Ihre Methoden allein berühmt werden«; damit ging er ab. Fleischl war ganz außer sich vor Entzücken; Sanguiniker, der er ist, beglückwünschte er mich ein über das andere Mal und riet mir, mich in den nächsten sieben Jahren ausschließlich mit der Ausbeutung dieses Fundes abzugeben. Ich lachte auf und sagte, da kann ich lang verhungert sein. Sie werden nicht verhungern, meinte er. Dann vertraute er mir, daß er auch mit einer Entdeckung umgehe, nämlich eine neue Art von Akkumulatoren für Elektrizität zu machen, wenn ihm das gelinge, sei er ein reicher Mann, und dann wolle er mir soviel geben, daß ich sorglos diesen Arbeiten leben könne. Das ist natürlich nicht ernst zu nehmen, aber doch einigermaßen charakter[ist]isch für die Innigkeit unserer Beziehungen jetzt. Ich dankte auch sehr schön und bat mir nur für den Fall, daß seine Entdeckung gelinge, soviel aus, daß ich im Sommer nach Hamburg reisen könne. Das wurde zugestanden. Dann bat ich ihn, mit derselben Methode eine Untersuchung zu unternehmen, etwa die Netzhaut des Auges, das feine lichtempfindliche Häutchen im Augenhintergrund, das eigentlich ein Stückchen Gehirn ist, und zu meiner großen Freude versprach er, damit zu beginnen, sobald die Ausstellung vorüber sei. Zu meiner Freude, denn einen alten Lehrer was zu lehren, ist eine reine, schöne Genugtuung.

Dann ging ich zu Breuer, den ich nach dem Mittagessen etwas grantig fand, sein Mikroskop war nicht ganz in Ordnung. Darum konnte ich ihm nicht alles zeigen, aber was er sah, entlockte ihm Ausrufe der Bewunderung genug. Er sagte dann: Jetzt haben Sie die Waffe, ich wünsche Ihnen einen glücklichen Krieg. Eine lange Arbeit wird's freilich kosten, bis das erste Werk vorliegt, von dem mein Weibchen ein Exemplar bekommt. Die große Frage ist, taugt diese Methode auch zum Nachweis der feinen Nervenfasern in den Geweben, in der Haut, in den Drüsen und so weiter? Ist das der Fall, so sind wahre Löcher in die Welt gerissen [26]. Mein materielles Fortkommen wird wohl auch seine Rechnung dabei finden, die Jahre des Wartens für meine Süße abgekürzt werden. Leistet sie nicht so viel, so ist sie doch für's Nervenzentralorgan ausgezeichnet gut. Sie bleibt auch nicht aus, ich habe sie heute wieder erprobt. Ich fürchte mich nur vor neuen Methoden, die mir noch gelingen können, die mir dann so viel Arbeit schaffen, daß ich den Kopf vor Aufruhr nicht beisammen halten kann.

Außer ihrer praktischen Bedeutung hat dieser Fund für mich noch einen Affektionswert. Es ist mir etwas gelungen, wonach ich zu wiederholten Malen in langen Jahren gestrebt habe. Überblicke ich die Zeit, wo ich zuerst anfing, dasselbe Problem in Arbeit zu nehmen, so finde ich mein Leben doch progressiv. Ich habe mich so oft nach einem süßen Mädchen, das mir alles sein könnte, gesehnt, ich habe es jetzt. Dieselben Männer, die ich als unnahbar von weitem bewundert, verkehren auf dem Fuß der

Abb. 9: Dr. Ernst v. Fleischl-Marxow

Gleichheit mit mir und erweisen mir Freundschaft. Ich bin gesund geblieben und habe nichts Unehrenhaftes getan; selbst obwohl ich arm geblieben bin, sind mir die Besitztümer, die für mich Reiz hatten, zugänglich geworden, und ich sehe [mich] vor dem Schlimmsten, vor dem

Verlassensein geschützt. So darf ich hoffen, wenn ich arbeite, auch vom
Fehlenden ein Stück zu erringen, und mein Marthchen, jetzt so fern und
einsam, wie ihr Briefchen zeigt, nahe bei mir zu haben, ganz für mich zu
haben und in ihrer zärtlichen Umarmung der weiteren Entwicklung unseres Lebens entgegenzusehen.

Du trauerst mit mir; freue Dich heute mit mir, Geliebte, und glaub nicht,
daß etwas anderes als Du im Mittelpunkt meiner Gedanken steht. Mit
herzlichem Gruß und Kuß   Dein Sigmund
Hope and joy[27]

Wien, Donnerstag, 15. November 1883,
fünf Uhr abends

Mein süßes Prinzeßchen

Dies bleibt nun Dein Name. Ich habe in den letzten Tagen noch mehr als
sonst an Dich gedacht und will Dich nur, indem ich mir zur Wiederkehr
des Datums, das Dich mir geschenkt hat, Glück und Verdienst wünsche,
an das besondere Zusammentreffen erinnern, daß es der siebzehnte Mo-
natstag ist und gleichzeitig der Samstag wieder auf den Siebzehnten fällt.
Meine Werbung brauche ich aber nicht zu erneuern, nicht wahr? Es ist
heute Feiertag, und ich habe ganz und gar nichts gearbeitet, um mich
wieder zu erfrischen. Das Wetter ist recht abscheulich, ich denke, ich
gehe abends zu Hammerschlag[28]; ich bin schon so mürbe, daß es mir
wohltut, wenn man irgendwo freundlich mit mir ist. Man wird ja auch
nach Dir fragen, und ich kann wieder von Dir sprechen.

Was Du in einem Deiner letzten Briefe von Mill[29] und seiner Frau gesagt hast, hätte mich eigentlich auf der Stelle anregen sollen, Dir etwas
über die beiden zu schreiben. Der Aufsatz von Brandes[30] gibt nur den
persönlichen Eindruck des Mannes wieder, ist weit entfernt eine Wür-
digung seiner ganzen Stellung in unserer Zeitgeschichte zu sein. Mir
kam die Anregung, mich mit ihm zu beschäftigen, als mir Gomperz[31]
die Übersetzung des letzten Bandes seiner Werke anvertraute. Ich
schimpfte damals über seinen leblosen Stil und daß man nie eine Sen-
tenz oder ein Schlagwort aus seinen Schriften fürs Gedächtnis auflesen
könne. Aber ich habe später ein philosophisches Werk von ihm gelesen,
das witzig, epigrammatisch treffend und lebhaft war. Es war vielleicht
der Mann des Jahrhunderts, der es am besten zustande gebracht, sich
von der Herrschaft der gewöhnlichen Vorurteile frei zu machen. Dafür
– das geht ja immer zusammen – fehlte ihm der Sinn für das Absurde,

in manchen Punkten, so zum Beispiel in der Frage der Frauenemanzipation und in der Frauenfrage überhaupt. Ich erinnere mich, ein Hauptargument in der von mir übersetzten Schrift war, daß die Frau in der Ehe so viel erwerben könne wie der Mann. Wir dürften ziemlich einig darin sein, daß das Zusammenhalten des Hauses und die Pflege und Erziehung der Kinder einen ganzen Menschen erfordert und fast jeden Erwerb ausschließt, auch dann, wenn vereinfachte Bedingungen des Haushaltes das Abstauben, Zusammenräumen, Kochen und so weiter der Frau abnehmen. Daran hatte er einfach vergessen, wie überhaupt an alle mit dem Geschlechtlichen in Zusammenhang stehenden Beziehungen. Das ist im Ganzen ein Punkt bei Mill, in dem man ihn einfach nicht menschlich finden kann. Seine Selbstbiographie ist so prüde oder so unirdisch, daß man aus ihr nie erfahren könnte, daß die Menschen in Männer und Weiber geteilt sind, und daß dieser Unterschied der bedeutsamste ist, der unter ihnen besteht. Sein Verhältnis zu seiner Frau ist auch so unmenschlich. Er heiratet sie in späten Jahren, hat keine Kinder mit ihr, von Liebe, wie wir sie alle kennen, scheint gar nicht die Rede zu sein. Ob sie eine so großartige Person war, als welche er sie verehrte, wird, glaub' ich, allgemein bezweifelt. In seiner ganzen Darstellung tritt auch gar nicht hervor, daß die Frau etwas anderes – wir wollen uns hüten zu sagen etwas Geringeres, eher das Gegenteil – ist als der Mann. Er findet zum Beispiel eine Analogie für die Unterdrückung der Frauen in der der Neger. Jedes Mädchen, wenn auch ohne Stimmrecht und richterliche Befähigung, dem ein Mann die Hand küßt, um deren Liebe er alles wagt, hätte ihn zurechtweisen können.

Es ist auch ein gar zu lebensunfähiger Gedanke, die Frauen genauso in den Kampf ums Dasein zu schicken wie die Männer. Soll ich mir mein zartes, liebes Mädchen zum Beispiel als Konkurrenten denken; das Zusammentreffen würde doch nur damit enden, daß ich ihr, wie vor siebzehn Monaten, sage, daß ich sie lieb habe und daß ich alles aufbiete, sie aus der Konkurrenz in die unbeeinträchtigte stille Tätigkeit meines Hauses zu ziehen. Möglich, daß eine veränderte Erziehung all die zarten, des Schutzes bedürftigen und so siegreichen Eigenschaften der Frauen unterdrücken kann, so daß sie wie die Männer ums Brot werben können. Möglich auch, daß es nicht berechtigt ist, in diesem Fall den Untergang des Reizendsten, was die Welt uns bietet, unseres Ideals vom Weibe zu betrauern; ich glaube, alle reformatorische Tätigkeit der Gesetzgebung und Erziehung wird an der Tatsache scheitern, daß die Natur lange vor dem Alter, in dem man in unserer Gesellschaft Stellung erworben haben kann, [die Frau] durch Schönheit, Liebreiz und Güte zu etwas [anderem] bestimmt.

Nein, ich bleibe hier bei dem Alten, bei der Sehnsucht nach meiner Martha, wie sie ist, und sie wird's selbst nicht anders wollen; Gesetzgebung und Brauch haben den Frauen viel vorenthaltene Rechte zu geben, aber die Stellung der Frau wird keine andere sein können, als sie ist, in jungen Jahren ein angebetetes Liebchen, und in reiferen ein geliebtes Weib.

Es wäre noch so viel darüber zu sagen, aber wir denken wohl gleich darüber.

Leb wohl, mein süßes Mädchen. Dein Brief will heute nicht kommen, so gehe ich denn fort.

Herzlichen Gruß und Kuß von

Deinem Sigmund

Hotel Stadt Freiberg
Leipzig, den 16. Dezember 1883, ½ 8 Uhr abends

Mein süßes Prinzeßchen

Ist das nicht lächerlich? Ich habe eben laut aufgelacht. Ist das nicht toll, daß ich auf einmal unter solcher vorgedruckter Adresse schreibe und so stroherne Zigaretten zu zehn Pfennig dazu rauche? Und daß ich nur sechs Kreuzer in der Tasche habe, dafür silberne und goldene Mark, deren Wert mir so wenig imponiert, daß ich sie alle heute ausgeben wollte, wenn's nur nicht so finster wäre, daß ich mich nicht hinausgetraue. Ich will Dir jetzt in ebensolcher Behaglichkeit und Ruhe schreiben, als ich zuletzt in Eile schrieb, denn es ist erst drei Viertel acht, und ich habe vier Stunden Zeit, den Bruder[32] zu sehen; eigentlich sollte ich bis dahin schläfrig werden, aber wer kann schlafen unter so komischen Zuständen? Marthi, Du wirst schon gemerkt [haben], daß ich eigentlich noch ein rechtes Kind bin; ich kann mich so freuen, bloß weil ich an einem andern Ort bin, anderes Geld in der Tasche habe, weil das Brot mich hier nichts kostet und weil meine Aussicht in die Hallesche Straße geht anstatt in den dritten Hof[33]. Lach mich aus, ich will recht lange so bleiben, und dann wollen wir uns einmal zusammen recht über ähnliche Verhältnisse freuen. An eines darf ich freilich nicht denken, an unser fast endgültig vereiteltes Wiedersehen, sonst – aber Du hattest recht, in Deinem Brief, mein Liebchen, Deine Briefe werden mir morgen und übermorgen so sehr abgehen.

In der Nacht dritter Klasse zu reisen, finde ich wieder, ist nicht angenehm. Der Mensch, der seine astronomische Geographie in Blut und Nerven hat, fängt zu einer bestimmten Stunde an schlafen zu wollen und ist unzufrieden, nichts dafür vorbereitet zu finden. Der Morgen war kalt und trüb und rieselig, recht nach dem Prinzip des Hundewetters. Erst in Sachsen begann der Himmel sich zu klären, und es wurde ein ganz schöner Nachmittag daraus. Der Sächsischen Schweiz schenkte ich nicht viel Aufmerksamkeit, weil ich sie ja von meiner Fußwanderung her kenne, sondern las lieber das Buch von Dr. Luther. Aber die Elbe habe ich mir gut angesehen, und ihre Gewässer werden Dir, wenn Du rasch genug nach Hamburg kommst, viele tausend Grüße zuflüstern. Zwischen Dresden und Riesa hatte ich das erste große Abenteuer, im Erleben unangenehm, im Erwägen angenehm. Du weißt, daß ich immer nach frischer Luft lechze und immer bemüht bin, Fenster aufzureißen, besonders im Waggon. So öffnete ich also auch hier ein Fenster und steckte den Kopf heraus, mich wohl zu fühlen. Darauf Rufe, es zu schließen, es sei die Windseite, besonders von einem ausgehend. Ich erklärte mich bereit, es zu schließen, wenn irgendwo gegenüber geöffnet würde, es war das einzige offene Fenster im langen Waggon. Während wir so parlamentierten und er sich bereit erklärte, die Ventilation anstatt des Fensters zu öffnen, erscholl von einem aus dem Hintergrund der Ruf: Das ist ein elender Jude, und damit hatte die ganze Angelegenheit eine andere Wendung genommen. Mein erster Gegner wurde auch Antisemit, erklärte: Wir Christen haben Sinn für das Gemeinwohl, Sie müssen das liebe Ich unterordnen, und dergleichen, und mein zweiter Gegner verkündigte unter seiner Bildung entsprechenden Schimpfreden, daß er über die Bänke steigen wolle, mir zu zeigen, und so weiter. Ich wäre ein Jahr früher vor Aufregung unfähig gewesen, ein Wort zu äußern, jetzt bin ich doch anders, ich hatte keine Furcht vor dem Gesindel, bat den einen seine allgemeinen Sentenzen für sich zu behalten, da sie mir gar keinen Respekt einflößten, und den andern, sich zu mir zu bemühen und sich die verdiente Antwort bei mir zu holen. Ich war ganz gefaßt, ihn zu erschlagen, aber er kam nicht; daß ich nicht mitgeschimpft habe, freut mich; das muß man immer den Herren überlassen. Wie gesagt, mit dem Kompromiß: Ventilation gegen Fenster, schloß der erste Akt. Der von mir gerufene Schaffner traf keine Entscheidung und bot mir an, mich in ein anderes Coupé zu bringen, was ich ablehnte. Als dann einige Personen ein Fenster öffneten, um auszusteigen und es geöffnet blieb, setzte ich mich keck dazu, denn ich war sehr rauflustig. Der Antisemit, diesmal mit ironischer Höflichkeit, erneuerte sein Verlangen. Ich erklärte nein, er bekomme keine Antwort, solle sich nur an den Schaffner wenden und behauptete mich bis zur nächsten Station. Dort wollte der Schaffner wieder nichts sagen, aber ein anderer Beamter, der übrigens nur von der Streitfrage, nicht vom Spektakel hörte, entschied, im Winter müßten alle Fenster zu sein. Darauf schloß ich. Nach diesem Sieg schien ich verloren, es regnete Hetzereien, Schimpfreden und Anspielungen, bis ich mich umkehrte, den Hauptkerl anschrie und ihm erklärte, er solle sich noch rühren, um mich kennenzulernen. Ich war des Erfolges recht ungewiß. Die Antwort war auch, von mir sei gar nicht die Rede gewesen, sie würden sich in ihrer Unterhaltung nicht stören lassen, aber – es wurde [von] nun an ganz still. Ich glaube doch, ich habe mich brav gehalten und die mir zu Gebot stehenden Mittel mutig benützt, bin dabei nicht gemein geworden. Ich bin ja kein Riese, habe keine Mähne, die ich sträuben, kein Gebiß, das ich fletschen kann, keine Stimme wie Stentor, sehe nicht einmal distinguiert aus; das alles hätte auf das Gesindel rascher gewirkt, daß ich sie nicht fürchte, müssen sie aber doch gemerkt haben, und ich ließ mir die Laune nicht durch dies Erlebnis verderben. So viel Zeit und Raum mit dieser dummen Geschichte verbracht. Nun muß ich mir noch einen Bogen bestellen.

Der Weg von Dresden hierher ist unendlich, es war halb sechs und bereits dunkel, als ich ankam. Ich nahm mir einen Träger und Führer zunächst zum Telegraphenamt, um nachzusehen, ob nicht Emanuel etwas an seinen Reisedispositionen geändert; als dies nicht der Fall war, ließ ich mich in ein Hotel nahe beim Magdeburger Bahnhof führen, wo ich ein Zimmer mit zwei Betten für mich und ihn und ein anderes für Mr. Robinson bestellt habe. Es ist ein seltsames Zusammentreffen, daß es den Namen ›Zur Stadt Freiberg‹ führt, der Stadt, wo Emanuel zuerst mit mir zusammengekommen ist, wo ich geboren bin. Es ist freilich nicht dasselbe Freiberg gemeint. Da machte ich mich etwas menschlich und eilte zum Spiegel, um zu sehen, wie ich eigentlich ausschaue. Mein Selbstgefühl war durch den Kampf mit den Ungläubigen etwas gehoben, sank aber wieder, als ich mich im Spiegel sah. Nein, ich sehe gar nicht nobel aus, der schwärzeste Rock, die weißeste Wäsche kann mein offenkundiges Plebejertum nicht verdecken. Aber dafür hat mich ein feines Prinzeßchen lieb, und wenn ich Geld habe, was gewiß sein wird, mein Selbstvertrauen sagt mir das, dann kleide ich sie in die schönsten Kleider, damit die Leute vergessen, daß sie einen andern als einen Prinzen hat nehmen können. Ich nahm mir dann Zeit, den Weg zum Magdeburger Bahnhof zurückzulegen und mir Zigarren zu kaufen; dann war's aber Zeit, einen Haupt- und Riesenhunger durch ein Mahl, das meinen Wiener Nachtmahlen

Abb.10: Innenhof im Allgemeinen Krankenhaus, Wien

wenig ähnlich sah, zu stillen. Es war keine rechte Zeit gewesen, Mittag zu essen. In der Restauration der ›Stadt Freiberg‹ saß ich unter den Leipziger Philistern, lauschte ihren Gesprächen und beobachtete ihre Mienen. Sie reden geradeso dummes Zeug wie die unsrigen, aber sie sehen menschlicher aus, so viel fratzenhafte und tierische Gesichter, so viel Mostschädel und Kartoffelnasen sah ich hier nicht. Im Gegenteil, wäre ich in Wien, ich würde meinen, daß ich in eine Gesellschaft von Literaten, Professoren und Architekten geraten bin. Hinter den schärferen und feineren Zügen steckt aber recht wenig, wie mir scheint. Das ganze Gespräch der Sachsen ist mir in der Seele zuwider, sie führen beständig das im Mund, wovon wir nie im Ernst, außer in gehobenen Momenten, reden.

Die sittlichen Wahrheiten, die wir alle ahnen, die Kerle sprechen in lauter Sentenzen, wie aus einer Anthologie gegriffen, sie schmieren sich geradezu die Ideale wie Butter auf's Brot und sind doch gewiß nicht intensiver davon beeinflußt als unsere Spießbürger.

Das Zimmer, in dem ich Dir, Geliebte, schreibe, ist recht nett, hoch gelegen, hat aber nur einfache Fenster, und nach meinen Empfindungen zu schließen, wird mein armer Emanuel hier intensiv frieren. Um elf Uhr wird aber eingeheizt, das habe ich schon angeordnet. Wie aber, wenn er heute nicht kommt? Dann muß ich morgen jeden Zug erwarten und wenn er noch immer nicht kommt, die ganze Rechnung bezahlen, nach Dresden fahren und dort Hammerschlags Schwager anpumpen. Ein hübscher Entschluß! Es ist gar keine Aussicht, daß er nicht kommen sollte, nur meine Gewohnheit, mich auf alle Fälle vorzubereiten, läßt mich daran denken. Mir ist so wohl und abenteuerhaft zumute. Nun kommt das Bittere. Mein Schatz, ich werde Dich nicht sehen können. Ich habe das Ringlein für Dich in der Tasche, wollte es Dir so gern selbst anstekken. Auch Erläuterungen gehören dazu, denn ein einfacher glatter Goldreif – er ist etwas breit ausgefallen – sieht etwas ähnlich, was Du zu meinem Glück einmal tragen wirst, aber jetzt nicht tragen kannst. Wir müssen eine Korrektur daran anbringen lassen. Etwa unser Monogramm vorne anbringen und es mit Email überziehen lassen. Äußere Dich rasch darüber, Marthchen, soll ich das noch in Wien besorgen? Denn tragen mußt Du den Ring können.

Morgen werde ich Dir kaum mehr als eine Karte schreiben können, ich muß auch noch Besuch bei Altschul[34] in Dresden machen. Morgen abends oder Dienstag früh reise ich dann ab. O pfui, wie abscheulich, daß ich nicht weiter reise.

Leb wohl, mein geliebtes teures Mädchen, und recht gesund sein und ein bißchen heiter und viel Mut haben und mich liebhaben.

Dein getreuester Sigmund

Es ist Viertel zehn; ich gehe in der Stadt herum,
hoffe mich nicht zu verirren.

Mein teures Liebchen

In der Ruhe des heutigen Tages kann ich Dir endlich von Dresden weiter
schreiben, gerade das Angenehmste von den dortigen Eindrücken steht ja
noch aus. Neben dem Schloß entdeckten wir eine herrliche Domkirche,
dann ein Theater und endlich ein weitläufiges Gebäude, viereckig mit
großem Hof und Türmchen an den Ecken im Stil unseres Belvederes, von
dem Philipp[35] ernsthaft behauptete, das sei das Schloß, weil es so schön
war. Es war aber der sogenannte Zwinger, der alle Museen und Schätze
Dresdens birgt. Wir fanden endlich die Bildergalerie und brachten etwa
eine Stunde darin zu, die alten Knaben mehr um auszuruhen, ich um ein
paar flüchtige Eindrücke von den berühmten Kunstwerken nach Haus zu
bringen. Ich glaube, ich habe dort einen bleibenden Gewinn gemacht,
bisher war ich immer der Meinung, es sei eine Art Übereinkunft unter
den Leuten, die nicht viel zu tun haben, für Bilder, die von berühmten
Meistern gemalt sind, zu schwärmen. Hier streifte ich meine Barbarei ab
und begann selbst zu bewundern. Es sind herrliche Dinge dort, zum Teil
kannte ich sie aus Photographien und Nachbildungen und konnte zum
Beispiel den beiden Engländern das Bild von van Dyck zeigen, auf dem er
die Kinder des unglücklichen Karls I., die späteren Karl II., Jakob II. und
ein feistes junges Prinzeßchen reizend porträtiert hat. Dann sah ich Ve-
ronese mit den schönsten Köpfen und Leibern, Madonnen, Märtyrer, et
cetera, konnte kaum einen Blick auf jedes werfen. In einem kleinen Sei-
tengemach entdeckte ich, was nach der Art der Aufstellung eine Perle
sein mußte. Ich sah zu, es war die Madonna von Holbein. Kennst Du das
Bild? Vor der Madonna knien rechts mehrere häßliche Frauen und ein
anmutloses kleines Fräulein, links ein Mann, mit einem Mönchsgesicht,
der einen Knaben hält. Die Madonna hält einen Knaben im Arm und
schaut so heilig herunter auf die Betenden. Ich ärgerte mich über die
gewöhnlichen häßlichen Menschengesichter, erfuhr später, daß es Por-
träts der Familie des Bürgermeisters von X wären, der das Bild für sich
bestellt. Auch das kranke, mißratene Kind, das die Madonna im Arm
hält, soll gar nicht das Christuskind sein, sondern der arme Bürgermei-
stersohn, dem aus diesem Bilde Heilung erwachsen sollte. Die Madonna
selbst ist nicht gerade schön, die Augen sind vorquellend, die Nase lang
und dünn, aber die rechte Himmelskönigin, wie sie das gläubige deutsche
Gemüt geträumt hat. Ich fing an, von dieser Madonna etwas zu verstehen. Nun wußte ich, daß auch eine Raphaelsche Madonna da sei und fand
sie endlich in einem ähnlichen kapellenartigen Raum und viele Leute in
stiller Andacht vor ihr. Du kennst sie gewiß, die Sixtina. Mein Gedanke,

als ich da saß war, oh, wenn Du mit mir wärest. Von Gewölk umgeben, das aus lauter Engelsköpfen besteht, steht die Madonna da, mit einem feurig blickenden Kind auf dem Arm sitzend, der heilige Sixtus (oder ist es der Papst Sixtus) schaut auf einer Seite herauf, die heilige Barbara auf der anderen herab zu den zwei kleinen herrlichen Engeln, die ganz unten am Rand des Bildes stecken. Ein Schönheitszauber geht von dem Bild aus, dem man sich nicht entziehen kann, doch hatte ich gegen die Madonna selbst einen gewichtigen Einwand vorzubringen. Die Holbeinsche ist weder Weib noch Mädchen, die Erhabenheit und heilige Demut läßt keine Frage nach ihrer näheren Bestimmung aufkommen. Die Raphaelsche aber ist ein Mädchen, man möchte ihr sechzehn Jahre geben, schaut so frisch und unschuldig in die Welt hinein, halb gegen meinen Willen drängte sich mir auf, sie sei ein reizendes, Sympathie erweckendes Kindermädchen, nicht aus der Himmelswelt, sondern aus der unsrigen. In Wien wurde diese Meinung als Ketzerei zurückgewiesen und ein großer Zug um die Augen an ihr gerühmt, der sie zur Madonna mache, er ist mir bei der kurzen Betrachtung entgangen. Ganz gefesselt wurde ich erst von einem anderen Bilde, dem ›Zinsgroschen‹ von Tizian, das ich doch schon kannte, ohne sonderlich darauf geachtet zu haben. Dieser Christuskopf, mein Liebchen, ist der einzig wahrscheinliche, unter dem auch wir uns eine solche Person vorstellen können. Ja, mir schien, als müßte ich jetzt glauben, diese Person sei wirklich so bedeutend gewesen, weil ihre Darstellung so gelungen ist. Und nichts Göttliches daran, ein edles Menschenantlitz, von Schönheit weit entfernt, Ernst, Innigkeit, Gedankentiefe, überlegene Milde, tief sitzende Leidenschaftlichkeit; wenn das nicht in diesem Bilde liegt, gibt es keine Physiognomik. Ich hätte es gerne mitgenommen, aber es waren zu viel Leute da, Engländerinnen, die kopierten, Engländerinnen, die saßen und leise sprachen, Engländerinnen, die gingen und schauten. Ich ging also mit einem weiten Herzen weg.
Um drei Uhr begleitete ich die Brüder zur Bahn nach Reichenberg, trank ein Glas Rheinwein zum Abschied mit Emanuel, ließ mein Gepäck durch den Portier auf den Altstädter Bahnhof hinüberschaffen und ging durch die ganze Stadt und das Gedränge der einkaufenden Menschen auf den Bismarckplatz – gleich neben dem Bahnhof, der mich zurückbringen sollte –, wo Altschul wohnten. Es dauerte eine Weile, bis jemand kam; das Zimmer, in dem ich saß, erinnerte an die Eigentümlichkeiten der Familie. Dann kam ein zartes, schwarzes, nicht schönes, aber sympathisch sanftes Mädchen, Fräulein Emmy, an die ich besondere Grüße hatte. Ein angenehm belebtes Gespräch wurde zuerst durch die Erscheinung des Mariechens unterbrochen, ein noch zarteres junges Wesen mit

großen grauen Augen. Dann kam der Vater, ein gewaltig angelegter Graubart mit freimütigen Manieren, dann die Frau, dann die anderen. Die Frau, die dritte Schwester, die ich jetzt kenne (Frau Hammerschlag,[36] Frau Schwab und sie) nicht viel älter als Frau H., sieht ganz verfallen aus, sprach wenig und machte einen würdigen Eindruck. Die Wiener hatten mir versichert, daß sie eine hochbedeutende Dame sei, ich will es gern glauben. Der Mann macht den vollen Eindruck einer Persönlichkeit; er hatte lange in Amerika gelebt, dann in England. Die Kinder waren fast sämtlich in London geboren; zwei Söhne sind auch jetzt in Amerika, und die andern denken gleichfalls hinzugehen. Er nahm mich sehr herzlich auf, bestand auf meinem Längerbleiben, wozu meine Kasse nicht zustimmen wollte, zog mich mehr ins Gespräch über naturwissenschaftliche Dinge, für die er lebhaftes Interesse und einiges Verständnis zeigte. Er ist ein ernster Freidenker und hat alle seine Kinder konfessionslos erzogen. Außer Emmy, die englischen Sprachunterricht gibt, war da eine jüngere Cläre, eben gestern aus Berlin, wo sie Gesangunterricht gibt, zurückgekommen, und zwei Jungen mit zartesten Judengesichtern. Ich blieb bis halb zwölf Uhr, die Unterhaltung war eine ungezwungene, zumeist durch die Erzählungen der lebhaften und häßlichen Berlinerin bestimmt. Um den Ältesten, der Referendar ist, wurde geschickt, er war aber nicht zu finden. Eben um elf Uhr, als mir der alte Herr in einem Nebenzimmer von seiner Krankheit erzählen wollte, kam er an, begleitete mich zur Bahn und blieb bis ein Uhr bei mir. Wir fanden uns Altersgenossen und plauderten ungescheut miteinander. Einen Gruß an Dich brachte ich von allen Mitgliedern der Familie mit. Sie wußten natürlich von Dir, die Wiener hatten mich steckbrieflich beschrieben und unter meinen Eigentümlichkeiten die Verlobung mit einer nobeln im hohen Norden lebenden Dame wahrscheinlich besonders hervorgehoben.

Nun, bin ich nicht geschwätzig, mein geliebtes Marthchen. Morgen höre ich wohl wieder von Dir. Leb wohl und bleib wohl

Deinem Sigmund

Schönstes Marthchen, sei nicht bös, das Ringlein geht erst morgen ab.

Wien, Donnerstag, 10. Januar 1884. Am Journal

Mein teurer Schatz

Bequemlichkeit ist das letzte, worauf ich Anspruch machen darf, und ich vermisse Dich nicht darum, weil Du für meine Bequemlichkeit gesorgt hättest. Wenn Du in dem Büchlein nachsiehst, das wir als Chronik unserer Brautzeit zu führen beabsichtigten, und das infolge mangelnder Beteiligung eines von uns ohne Verrichtung geblieben ist, wirst Du eine Eintragung finden, daß Du mir versprochen, alles dran zu setzen, um mich nicht zu verlassen. Ich hielt das Versprechen für eine starke Gewähr, Dich bei mir zu behalten. Ob Du was tun konntest oder nicht, übersehe ich nicht, ob Du genug Widerstand geleistet hast, als das Projekt der Übersiedlung auftauchte, ob nicht ein Wille[1] für Dich maßgebender war als mein Wunsch, das will ich nicht untersuchen und wüßte wirklich nicht, wie ich die Untersuchung beginnen soll. Aber Du sollst nicht sagen, daß ich Dich hätte nicht weglassen sollen. Wie kann ich Dir Opfer auferlegen, die nur für mich Angenehmes bringen? Nein, das ging nicht, und das andere vielleicht auch nicht. Wir sind jetzt getrennt, mein süßes Marthchen, und wollen von der Arbeit nicht übel sprechen, die uns allein wieder vereinigen kann.

... Gestern traf ich den Vater auf der Straße, noch immer von Projekten erfüllt, noch immer hoffend. Ich übernahm es, Emanuel und Philipp zu schreiben, um ihm aus einer gegenwärtigen dringenden Verlegenheit zu helfen. Er will es nicht tun, weil er sich für schlecht behandelt hält. Ich habe noch gestern einen sehr scharfen Brief an Emanuel geschrieben. Daß ich Dir so traurige Dinge mitteilen muß! Vorher war ich noch bei Hammerschlag, wo ich sehr herzlich empfangen wurde. Der alte Professor nahm mich noch beiseite und legte mir einen delikaten Auftrag in betreff seines jungen Mediziners Albert auf die Seele, dann teilte er mir mit, daß er einem ›Chaser‹ ein Haar für mich ausgerissen[2], das heißt ein reicher Mann habe ihm eine Summe Geldes für einen würdigen Armen übergeben, er [habe] mich vorgeschlagen und gebe es mir hiemit. Ich teile es Dir in der ganzen Unbarmherzigkeit der Situation mit. Der brave Professor hat, wie er oft erzählt, die bitterste Armut in der Jugend durchgemacht und hält es nicht für schmählich, Unterstützung von Reichen anzunehmen. Ich kann es eigentlich auch nicht, will mir nur vornehmen, durch eigene Mildtätigkeit es wettzumachen, wenn ich es können werde. Es ist nicht das erste Mal, daß er so für mich sorgt, während meiner Studentenjahre hat er mich oft unaufgefordert wie diesmal aus Not gerissen. Ich habe mich zu Anfang sehr geschämt, dann als ich ihn und Breuer einer Meinung darüber sah, mich darein ergeben, guten Menschen und Glaubensgenossen ohne persönliche Verpflichtung Schuldner zu sein. So bin ich in den Besitz von fünfzig Gulden gelangt, und habe es Hammerschlag nicht verhehlt, daß ich [es] für's Haus ausgeben will. Er hat sich sehr dagegen gesträubt, ich arbeite selbst schwer und könne jetzt für andere nichts tun, aber ich habe ihm doch klargelegt, daß ich wenigstens die Hälfte so ausgeben muß. Das Gespräch kam auf das Haus[3], und ich trug keine Bedenken, ein wenig die Verhältnisse zu charakterisieren und hinzudeuten, daß es den Mädchen an Erwerb fehle. Ich bat ihn dann um die Erlaubnis, Rosa[4] hinaufzubringen, und als wir zu den anderen zurück ins Zimmer kamen, begann er so von den Schwestern zu sprechen, daß ich merkte, er hätte sich mit der Frau verabredet, mich darüber auszufragen. Ich kenne keine besseren, humaneren, allen unedlen Motiven ferneren Menschen, als die sind. Rosa wird, hoffe ich, Umgang an Anna Hammerschlag[5], einem vortrefflichen Mädchen, finden, vielleicht Empfehlungen bekommen und wird mit Frau H., leichter als ich es kann, besprechen können, was die beiden anderen Mädchen beginnen sollen. Du darfst nicht vergessen, sie sind selbst sehr arm, haben nichts als seine Pension und was die ältesten Kinder, der eine Sohn als Hofmeister, das Mädchen als Volksschullehrerin verdienen. Der andere, Albert, der Mediziner, hat ein großes Stipendium und ist Demonstrator bei Ludwig[6], dem Chemiker. Es war mir immer wohler bei ihnen als bei den reichen Schwab, abgesehen von der tiefgewurzelten Sympathie, die seit den Gymnasialjahren zwischen dem braven alten jüdischen Lehrer und mir besteht. So, nun weißt Du alles, und wirst Du mir für die Aufrichtigkeit dankbar sein? Wie ich Dich kenne, mein einziges Mädchen, doch ein wenig.

... Mit dem Fortschritt der Arbeit bin ich im Ganzen nicht unzufrieden. Ich bin stetig fleißig, unterrichte mich selbst und sammle alle interessanten Beobachtungen, lese dann nach und werde jedenfalls viel lernen und von mir selbst dazu. Ich hoffe aber, ich finde auch allerlei zum Publizieren mit der Zeit.

Du hast recht, es ist die Abteilung, auf der der arme Nathan[7] erster Sekundarius war, ich werde sogar in sein Zimmer ziehen, das er eineinhalb Jahre bewohnt hat, und in dem wahrscheinlich nachts sein Geist spukt. Ich habe sehr guten Schlaf und fürchte mich nicht.

Ich wünsche dem Leseabend recht viel Erfolg und möchte die Damen gern dabei überraschen. Werden mit der Zeit auch Herren zugezogen werden? Es sind doch nicht alle Wolfinginnen[8] verlobt?

Die ›Chimes‹[9] sind reizend, ergreifend schön, im Anfang recht schwierig. ›The Battle of Life‹[9] wäre leichter und anmutiger für Euch. Aber das kennst Du ja schon zum Teil.

Ich habe heute Journal und Dienst, was eine Ersparung und keine Häufung ist, denn man kann doch ein- oder zweimal vom Journal weggehen, um die Abteilung zu besuchen und erspart einen Tag.

Morgen heiterer, mein teures Liebchen, darfst mir nicht verschweigen, was Du Dir bei diesem Brief alles gedacht hast.

Gute Nacht

Dein Sigmund

Wien, Donnerstag, 7. Februar 1884, abends

Wenn ich Orden zu vergeben hätte, Prinzeßchen, würdest Du den schönsten, den der weißen Brieftaube am roten Band zu tragen, für Deinen letzten Brief bekommen. Er traf mich gerade, als ich meine Arbeit niederzuschreiben begonnen hatte, und nachdem ich ihn gelesen hatte, wurde ich so heiter, daß es sehr rasch ging. Um halb vier begann ich, um neun Uhr war ich fertig, machte einen Freudensprung – diese Leibesübung lasse ich mir nie entgehen, wenn ich Anlaß dazu habe – und dann wollte ich Dir noch schreiben. Aber ein Besuch unterbrach mich – oder nein, ich ging, mich zu belohnen, ins Gasthaus und so schreibe ich erst heute. Heute war ich auch nicht müßig. Ich habe das Exzerpt für den Russen[10] geschrieben und es ihm übergeben, sodann das englische Manuskript fertiggemacht und es von dem Amerikaner korrigieren lassen, und nun habe ich noch das letztere zu überschreiben und im deutschen Manuskript einige Korrekturen anzubringen und bin fertig damit. Morgen trage ich beides zu Fleischl und dann Amen.

Jetzt habe ich wieder Zeit, an die Kranken und die Lektüre heranzugehen. Wie lange wird's dauern, bis ich wieder was schreibe. Nicht zu lang, will ich hoffen. Der Mensch muß von sich reden machen.

Silberstein war heute wieder da, er hängt an mir wie früher. Wir waren Freunde in einer Zeit, da man in der Freundschaft nicht einen Sport und nicht einen Vorteil sieht, sondern den Freund braucht, um mit ihm zu leben. Wir verbrachten eigentlich alle Stunden des Tages, die wir nicht auf den Schulbänken saßen, miteinander. Wir lernten Spanisch zusammen, hatten unsere eigene Mythologie und Geheimnamen, die wir aus einem Gespräch des großen Cervantes schöpften. In unserem spanischen Lesebuch fanden wir einmal einen humoristisch-philosophischen Dialog zwischen zwei Hunden, die vor der Türe eines Hospitals beschaulich lagern, und eigneten uns deren Namen an; er hieß im schriftlichen wie im mündlichen Verkehr Berganza, ich Cipion. Wie oft hatte ich nicht geschrieben: »Querido Berganza!« und unterzeichnet »Tu fidel Cipio, perro en el Hospital de Sevilla.« Wir bildeten mitsammen eine absonderliche gelehrte Vereinigung, die Academia Castellana / AC /, hatten eine große scherzhafte Literatur zusammengeschrieben, die sich gewiß noch unter meinen alten Papieren findet, wir teilten frugale Nachtmähler mitsammen und langweilten uns nie einer in des andern Gesellschaft. In seinen Gedanken ging er nicht gerne hoch hinauf, er blieb im Menschlichen, sein Gesichtskreis, seine Lektüre, sein Humor, alles war bürgerlich, etwas philiströs dabei. Dann war ich sein Arzt, als er krank war, und dann lud er uns eines Tages, alle alten Kollegen, zu einem Abschiedsfest in Hernals[11], bei dem er mit seiner gutmütigen Miene selbst den Ausschenker bei einem Faß Bier machte, um seine Rührung zu verbergen. Dann als wir im Café beisammen waren und Rosanes[12] unausstehliche Witze machte, auch nur um seine lauernde Sentimentalität nicht hervorbrechen zu lassen, brach es in mir zuerst das Eis, und ich hielt für alle eine Abschiedsrede an ihn und sagte, er nehme meine Jugend mit und wußte nicht, wie wahr das gesprochen sei. In der ersten Zeit schrieb ich ihm noch, er wurde von seinem halb verrückten Vater schlecht behandelt, klagte darüber, ich suchte seine romantischen Instinkte zu wecken, damit er durchgehe und sich in Bukarest eine würdigere Stellung suche; er war ja in jungen Jahren voll Indianerpoesie, Cooper's ›Lederstrumpf‹ und Matrosengeschichten gewesen. Noch im letzten Jahre hielt er sich ein Boot auf der Donau, ließ sich »Herr Kapitän« nennen und lud alle Freunde zu Fahrten, bei denen sie Ruderknechtsdienste zu leisten hatten, ein. Dann kamst Du und alles, was mit Dir gekommen ist, ein neuer Freund, neue Kämpfe, neues Streben; die Gegensätzlichkeit, in die wir geraten waren, wurde noch einmal klar, als ich ihm von Wandsbek aus abriet, ein reiches dummes Mädel zu heiraten, zu dem man ihn auf Brautschau geschickt hatte; und dann kamen wir auseinander. Er hat sich an die Geldsäcke gewöhnt, bei denen er knapp genug gehalten wird, er ist gefaßt zu heiraten, um sich selbständig als Kaufmann zu etablieren, was mit mir geworden ist, weißt Du ja; und jetzt sind wir wieder beisammen und denken gewiß beide, wie seltsam das Leben uns mitgespielt, wie es uns beiden die Zügel angelegt hat und uns fortsprengt, den einen dahin, den andern dorthin.

Als er noch ganz jung war, war Anna[13] seine erste Liebe, dann begann er ein Verhältnis mit Fanny, dazwischen war er in alle Mädchen weit und breit verliebt, und jetzt ist er es in keine. Ich war's in keine und bin's jetzt in eine. Das ist die Geschichte von meinem Freund Silberstein, der ein Bankier geworden ist, weil ihm das Jus nicht gefallen hat. Heute will er wieder die alten Zechgenossen in Hernals versammeln, aber ich habe Dienst, und meine Gedanken sind auch woanders als in der Vergangenheit.

Leb wohl, mein teurer Schatz, mein Briefkasten war heute stumm, morgen wird er wohl sprechen zu

Deinem Sigmund

Wien, Donnerstag, 14. Februar 1884

Liebchen, Mädchen, Weibchen

Weißt Du, daß ich volle zwei Tage nichts von Dir gehört habe und anfange besorgt zu sein, Du könntest unwohl oder böse auf mich sein? Ich will Dir herzlich gern wieder öfter schreiben, am liebsten schriebe ich Dir doch den ganzen Tag, aber ich arbeite doch noch lieber den ganzen Tag, um Dich dann ganze Jahre lang liebkosen zu dürfen. Warum anders täte ich jetzt so vieles, was mir nicht in die Natur paßt; publizieren, Vorträge halten, Kranke untersuchen, den Leuten schöntun? Ich habe übrigens nichts Schlechtes bis jetzt in meinem Strebertum begangen und hoffe mich auch ferner davon frei zu halten. Sonst hättest Du mich ja auch nicht mehr lieb. Sei nur ganz unbesorgt darüber.

Bei meinem heutigen Vortrag hätte ich Dich eigentlich gerne gesehen, Marthchen. Das war nämlich ein Triumph wie seit langem nicht. Denk Dir also Deinen scheuen Liebsten, wie er vor dem gestrengen Meynert und einer Versammlung von Irrenärzten und einigen Kollegen sich bemüht, eine seiner früheren Arbeiten, dieselbe, welche von Professor Kupffer[14] übersehen worden ist, zu Ehren zu bringen. Wie er mit Anspielungen beginnt, mit der Stimme nicht haushalten kann, dann auf die Tafel zeichnet, wie ihm inmitten ein Witz gelingt, über den das Auditorium herzlich lacht, wie die Momente, in denen er fürchtet, nicht weiterzukönnen, die er immer glücklich verborgen hat, seltener werden, wie er ins Fahrwasser der Auseinandersetzung gerät, eine volle Stunde darin herumsegelt, wie ihm dann Meynert unter Lobesworten den Dank der Versammlung votiert, wie Meynert einige würdigende Anmerkungen daran knüpft, dann die Sitzung aufhebt, und ihm die Hand drückt. Wie dann die alten Herren, die ihn bisher übersehen haben, ihm gratulieren und sich zu einigen Nachbemerkungen um ihn versammeln, wie endlich Meynert verlangt, daß er einen Auszug des Vortrags für die Jahrbücher[15] des Vereins mache und verspricht, die betreffenden Stellen in seinem demnächst erscheinenden Buch durch Anmerkungen zu korrigieren; wie er endlich gehoben weggeht und sich fragt, ob es denn seiner Arbeit nicht doch gelingen wird, sein Mädchen in seine Arme zu bringen. Ach, jetzt kommt die Sorge, sich zu behaupten, Neues zu finden, was die Welt in Atem hält und was nicht nur die Anerkennung weniger, sondern auch den Zulauf der vielen, des geldzahlenden Publikums einträgt.

Heute aber mache ich nichts mehr. Wenn es eine Gerechtigkeit gibt, hätte ich ein Briefchen von Dir haben sollen. Dein letztes ist freilich wieder so lieb, daß, wer nicht so unersättlich ist wie ich, lange daran lesen könnte.

Ich gehe mit dem Gedanken um, zu Hause zu frühstücken, um Geld zu sparen und dabei besser zu essen. Soll ich mich für Tee oder Kaffee entscheiden? Es gibt automatische Kaffeemaschinen, so gut wie Teemaschinen, und ich finde am Tee eigentlich gar nichts Empfehlenswertes, besonders an dem, den man hier einkauft. Was meinen Euer Hochwohlgeboren, mein zartes Prinzeßchen?

Leb mir recht wohl und schreib bald wieder

Deinem Sigmund

Donnerstag, 20. März, früh

Eitles Würmchen. Also so hast Du Dich Deines Bildchens geschämt und so mit Unrecht, ich will gar nichts sagen, wie es dem gefallen muß, der Dich liebt, ich weiß nur, daß es wie kein anderes angetan ist, sich bei anderen Achtung zu verschaffen.

Heute müßten ja die üblen Folgen meines gestrigen Wagstückes hervortreten. Ich bin aber ganz wohl, ganz schmerzfrei und habe nur Müdigkeitsgefühle im Unterschenkel.

Ich glaube, wir werden diese Rubrik in unserer Korrespondenz schließen können. Nun will ich heute zum Instrumentenmacher gehen und eine neue Rechnung für elektrische Instrumente beginnen, sieh wie leichtsinnig ich bin, ich muß aber jetzt wagen, dann habe ich ein kleines Geschäft zu besorgen, bei dem ich fünfzehn Gulden verdienen kann. Dann will ich

Abb. 11: Martha Bernays, September 1884

im Laboratorium meine vier bis fünf Schiffe wieder flott machen, sonst mich schön zu Hause halten und lesen. So soll es die zehn Tage noch fortgehen.

Wenn Breuer heute nicht kommt, überrasche ich ihn am Abend. Gestern hat er noch gesagt, es ginge mir noch nicht schlecht genug, um mich ganz wie einen andern Patienten zu behandeln.

Prinzeßchen sind doch nicht unwohl, weil Sie sich für müde erklären? Bitte von meiner Unfähigkeit, nachdem ich selbst krank war, über Ihr Befinden zu schimpfen, keinen Gebrauch zu machen. Wenn das Kranksein aber den Vorteil hat, daß man häufiger von seinem herzigen braven Liebchen Briefe bekommt, dann lege ich mich wieder zu Bett.

Gefällt Dir die Drohung?

Mit herzlichstem Gruß   Dein Sigmund

Wien, Samstag, 19. April 1884. Am Journal

Mein teures Marthchen

Du darfst gewiß ernst nehmen, was ich gesagt habe und sollst nicht glauben, daß ich Dir irgendwelche Opfer bringe, an die Du nicht mit freiem Herzen denken magst. Glaube mir, es ist nur natürlich, daß ich das überlange Warten weniger mag als Du; ich vertrage es schlechter, es ist allgemein so, daß die Bräute glücklicher sind als die Bräutigame. Also mehr meinetwegen gebe ich meiner Karriere einen kurzen Termin, und dann bin ich auch ganz überzeugt, daß Deine Augen – es steht ja nur als Teil für's Ganze – daß Du mein Liebchen mir sehr viel ersetzen wirst; Du sollst es auch glauben. Und was gebe ich dagegen auf? Ich habe es zu nichts Besonderem gebracht und in den zwei Jahren, die noch zu erwarten sind, wird nichts Entscheidendes vor sich gehen. Eine Schattierung von Rang in der Gesellschaft mehr oder weniger. Es wird mich gar keine Überwindung kosten, nein, ich werde es freudig tun, daß ich etwas Nichtiges, von unsicherem Wert und Ausgang aufgebe gegen das, was so menschenwürdig, erquickend und inhaltsvoll ist, das Zusammenleben mit der Geliebten, die nicht bloß eine Hausverwalterin und Köchin, sondern ein teurer Freund und ein süßes Liebchen sein wird. Dazu kommt, wie ich Dir oft gesagt und geschrieben habe, daß ich auf einem Felde der Wissenschaft selbständig genug bin, um ohne weiteren Verkehr und Anleitung Beiträge zu liefern, ich meine in der Kenntnis des Nervensystems, und ich freue mich, daß Du mir dabei wirst helfen können. So werden die Leute immer noch meinen Namen nicht vergessen dürfen.

Aber ich bin so wenig ehrgeizig. Ich weiß, daß ich was bin, ohne der Anerkennung zu bedürfen.

Unter einer deutschen Gegend[16] dachte ich mir natürlich Niederösterreich, Mähren oder Schlesien.

Zunächst bin ich ja noch sehr kampflustig und denke gar nicht daran, die Werbung um eine Zukunft in Wien aufzugeben. Der ›Kampf ums Dasein‹ heißt für mich noch ein Kampf ums ›Dableiben‹. Diese Woche zwar kam es mir wie fern entrückt vor, daß ich im Winter Dozent werden will. Ich habe fast gar nichts arbeiten können, dank meiner ärztlichen Tätigkeit bei Frau Sch. Nun gut, ich kann dann für die fünfzig Gulden oder so Kleider haben, aber ich möchte lieber diese Zeit knapp leben und mehr arbeiten können. Bettelheim[17] hat die Apparate gebracht; ich habe selbst heute einen andern gekauft, das heißt, die Hälfte gezahlt, ich denke, Montag wird die Sache losgehen. Die Hirnanatomie ist aber greulich vernachlässigt worden, und die Vorarbeiten für meine nächste Publikation sind auch noch gar nicht weit gediehen. Frau Sch. geht es heute wieder gut, ich hoffe, sie doch in einer Woche wieder soweit herzustellen, daß ich sie freilassen kann. Unangenehm ist nur ein alter, aber verdächtiger Lungenkatarrh mit Ergriffensein einer Spitze. Wenn das jetzt Fortschritte macht, oder wenn die Erkrankung überhaupt damit zusammenhängt, dann geht es schlecht. Doch erwarte ich es nicht und denke mir, das restaurierte Herz hält eine Weile aus, bis einmal wieder ein Schwächeanfall sie niederwirft. Das kann aber Jahre brauchen.

Ich muß Dich um Entschuldigung bitten, daß ich erst so spät auf Deine Verhältnisse zu sprechen komme. Die tun mir so leid. Wechselst Du nicht wenigstens mit Minna ab und lüftest Dich ein wenig? Marthchen, wenn Du mir dabei krank wirst, mache ich großen Lärm, und Du wirst sehen, daß nicht bloß die Kranken, auch die Liebenden sehr egoistisch sind. Die Aussprüche des Consiliarius imponieren mir nicht sonderlich, ich sehe gar nicht ein, warum die Geschichte ewig dauern oder wiederkommen muß. Auch nicht warum der Consiliarius wiederkommen muß ohne gerufen zu werden, das Sich-Ankündigen ist gar nicht Sitte.

Soll ich Dir jetzt was von Fritz Reuter schicken? Das Vorlesen hilft Dir vielleicht über einige schwere Stunden hinweg?

Schreib mir bald wieder, mein Liebchen, und laß mich hören, daß Du ausgegangen bist, wenn Euer Wetter nicht so entsetzlich ist wie das unsrige.

Mit herzlichem Gruß   Dein Sigmund

Du staunst gewiß, mein Liebchen, daß ich wieder da sitze, nachdem ich Dir erst Samstag von demselben Fleck aus geschrieben habe, das sind die Folgen meiner Versäumnisse während der Krankheit, und recht unangenehm sind sie mir. Überhaupt fehlt mir jetzt etwas, ich kann der glücklichen Praxis wegen nicht im Laboratorium arbeiten, die Arbeiten, von denen ich also ein bißchen Ehre erwarte, feiern. – Heute gab es mir einen Stich, als meine Korrektur der methodischen Mitteilung von Leipzig ankam, ich habe seither außer zwei kleinen Funden gar nichts gearbeitet. Sonst bin ich aber sehr wohl, frisch wie kaum je zuvor, hab auch Dich rechtschaffen lieb, wie in unseren schönsten Tagen hier nie, und wenn ich Dir so selten schreibe, so ist das zuwidere Zusammentreffen von Dienst und Journal in diesen letzten Tagen – auch gestern, Sonntag, war ich eingespannt – daran schuld. Paneth war heute bei mir und teilte mir mit, ich würde *vielleicht* nach Schwechat zu einem Nervenfall gerufen werden. Alois Schönberg hat mir eine Berufung nach Pest in Aussicht gestellt. Es sind lauter Ansätze, aus denen nicht viel zu werden braucht, aber es sind doch Ansätze. Frau Sch. geht es nun sehr viel besser, ich würde mich sehr freuen, wenn nur kein Zwischenfall käme, und ich sie in einer Woche aus der Behandlung entlassen könnte. Ich schicke sie dann gleich aufs Land.

Mit einem Projekt und einer Hoffnung trage ich mich jetzt auch, die ich Dir mitteilen will; vielleicht wird's ja auch nichts weiter. Es ist ein therapeutischer Versuch. Ich lese von Cocain, dem wirksamen Bestandteil der Cocablätter, welche manche Indianerstämme kauen, um sich kräftig für Entbehrungen und Strapazen zu machen. Ein Deutscher hat nun dieses Mittel bei Soldaten versucht und wirklich angegeben, daß es wunderbar kräftig und leistungsfähig mache. Ich will mir nun das Mittel kommen lassen und auf Grund naheliegender Erwägungen es bei Herzkrankheiten, ferner bei nervösen Schwächezuständen, insbesondere bei dem elenden Zustande bei der Morphiumentziehung (wie bei Dr. Fleischl) versuchen. Vielleicht arbeiten schon viele andere damit, vielleicht taugt es nichts. Aber das Versuchen will ich nicht unterlassen und Du weißt, was man oft versucht und immer will, das gelingt dann einmal. Mehr als einen solchen glücklichen Wurf brauchen wir nicht, um an unsere Hauseinrichtung denken zu dürfen. Setz Dir, Weibchen, aber nicht zu fest in den Kopf, daß es diesmal gelingen muß. Du weißt, das Temperament des Forschers braucht zwei Grundeigenschaften: Sanguinisch beim Versuch, kritisch bei der Arbeit.

Nachdem ich mir so alles weggesprochen habe, was mich betrifft, komme ich zu Dir, mein teures Mädchen. Nein, ich bin noch hier, ich denke nicht daran, Dich noch im Frühjahr zu sehen, ich möchte gerne was Schönes noch gemacht haben bis wir uns wiedersehen. Und darauf freue ich mich so unendlich.

Ich erwarte heute den Zeitungsdiener mit dem Paket und mit Geld; es scheint zwar, daß er nicht kommen will, aber Deine Visitkarten und Dein Petschaft sollen darum doch nicht lange auf sich warten lassen. Es ist so schön von Dir, daß Du Dir was wünschest, auch daß Du im Gehölz spazierengehst, freut mich herzlich. Allein, mein Marthchen? Dolfi sagte gestern, es würde sehr schön sein, wenn Du einmal sagen würdest, stolz sagen natürlich: »Auf meinen Mann habe ich vier Jahre gewartet.« Nebenbei, Marthchen, was sagst Du dazu, daß die kleine Pauli bereits eine glückliche Liebe hat? Mit dem achtundzwanzigjährigen Bruder ihrer Freundin Glaser, bei der sie die Feiertage zuzubringen pflegte. Er ist Dr. juris und Advokatursconzipient in unserer Stadt Neutitschein in Mähren. Also doch schon ein ernsthafter Mensch. Was denkst Du dazu? Laß Dir nichts merken, ich will auch noch gar nicht sagen, daß die Kleine definitiv vergeben ist, aber hat es nicht den Anschein, als ob die dummen Mädel ›reißend‹ abgehen würden? Dolfi ist die einzige noch freie, sie sagte gestern – ich hatte sie zu einer Jause gebeten, um meinen schwarzen Rock zu korrigieren –: »Es muß wunderbar sein, die Braut eines gebildeten Mannes zu werden, aber ein gebildeter Mann wird mich nicht nehmen, glaubst Du?« Ich mußte über diese Kategorie sehr lachen.

Eben, Marthchen, ist der Zeitungsdiener gekommen, er brachte nur sehr wenig schöne Sachen, aber einen Brief mit achtundzwanzig Gulden. Wie schön, wenn der Mensch Geld hat, Liebchen, jetzt hast Du von mir noch zehn Gulden zu bekommen, ich behalte sie noch ein wenig, weil ich kein anderes Geld habe, aber sie gehören Dein. Was soll nun mit Deiner Toilette werden? Jerseyjäckchen, sind sie noch modern?

Ich behalte sie mir noch, nicht weil ich geizig bin, sondern weil das Cocain Geld kosten wird und weil ich mich gestern, wo ich zehn Gulden für einen elektrischen Apparat gezahlt habe, arm gemacht habe.

Jetzt sind alle Apparate beisammen, und morgen fangen wir zu arbeiten an. Zu Frau Sch. gehe ich doch nur einmal am Tag. Schönberg plagt sich mit Kant und Horaz, sieht aber gut aus und ist guter Laune. Marthchen, das alles zusammen sieht doch nach dem zweiten Band aus?

Geh, schreib mir jetzt so viel von Dir, als ich von mir schreibe. Und auch ob Du sehr wohl, ganz wohl bist. Ob Dir das Eisen wohltut und ob Du Wein trinkst. Ich werde bös, wenn Du nicht beides tust.

Du wolltest auf manches in einem meiner letzten Briefe zurückkommen. Was war es denn?

Mit herzlichem Gruß   Dein Sigmund

Mein geliebter Schatz

Ich kann mich nicht erinnern, je so gehetzt gewesen zu sein, sonst hätte ich Deine lieben und braven Briefchen alle mit langen Bogen Erörterungen beantwortet, aber so muß ich auch heute kurz sein, wir werden ja hoffentlich bald plaudern können.

Coca ist gestern nacht erst fertig geworden [18], die erste Hälfte ist auch schon heute korrigiert, es wird eineinhalb Bogen stark, die paar Gulden, die ich dabei verdient habe, mußte ich mir an meinem Schüler abziehen, den ich heute und gestern weggejagt habe. Nun liegt noch die Korrektur einer zweiten Arbeit [19] vor mir, ich muß außerdem elektrisieren, lesen, Dienst im Journal halten, aber ich bin gesund wie ein Löwe, heiter und froh, und daß dies nicht die Stimmung ist, alles liegen und stehen zu lassen und Wärter bei einem Geisteskranken zu werden [20], magst Du Dir denken.

Mein geliebtes Mädchen, so trübe Erwägungen, wie daß Du mir beim Erwerb im Wege stehst, sollst Du ganz von Dir verbannen. Du kennst doch den Schlüssel zu meinem Leben, daß ich nur von großen Hoffnungen gestachelt für Dinge, die mich ganz erfüllen, arbeiten kann. Ich war ganz lebensunlustig, ehe ich Dich hatte, und jetzt, da Du mein bist ›im Prinzip‹, ist, Dich ganz zu bekommen, überhaupt eine Bedingung, die ich dem Leben stelle, an dem mir sonst wenig gelegen ist. Ich bin sehr trotzig und sehr waghalsig und brauche große Anreizungen, habe eine Menge von Dingen getan, die alle besonnenen Menschen für sehr unvernünftig halten müssen. Zum Beispiel als ein ganz armer Mensch Wissenschaft zu treiben, dann als ein ganz armer Mann ein armes Mädchen einzufangen, ich muß in dem Stil weiterleben, viel zu wagen, viel zu hoffen, viel zu arbeiten. Für die gewöhnliche bürgerliche Besonnenheit bin ich lang verloren. Nun soll ich Dich nicht sehen, oder Dich erst nach drei Monaten sehen, unter unseren ungewissen Verhältnissen, bei so unberechenbaren Menschen wie die in unserer Familie. In drei Monaten kann Eli in Hamburg sein, kann der Zustand meiner Leute mir verbieten, wegzureisen. Kurz, ich weiß nichts von der Zukunft. Ich darf nicht mit ihr rechnen,

Abb. 12: Salomon Hammerschlag und Frau

aber ich weiß, daß ich die Erquickung, Dich wieder im Arm zu halten, so dringend bedarf wie Speise und Trank, ich weiß, daß ich Dir genug Kummer und Entbehrung auferlegt habe, um Dir ein paar Wochen glücklicher Vereinigung, wenngleich Du selbst verzichten willst, nicht rauben zu dürfen. Ich folge meinem Impulse, setze mein Wagstück fort, ich will mich bei Dir stärken und dann mit frischer Kraft den Versuch, mich zu heben, fortsetzen, nicht mich aus aller Arbeit für drei Monate herausreißen. Der Gewinn ist kein großer, was an Geld erspart wird, wird an Zeit eingebüßt, und an Geld wird nicht viel erspart. Kannst Du Dir denken, daß ich tausend Gulden im Kasten habe und Rosa und Dolfi hungern? Mindestens die Hälfte würde ich ihnen abgeben, und der Rest reichte gerade für die Zeit hin, in der ich das Versäumte nachholen kann. Nur an ihnen tue ich ein Unrecht, ich tue aber das, was für meine Natur und unsere Verhältnisse allein richtig ist. Ich bin so einig mit mir. Heute war Paneth da, natürlich auch von der Notwendigkeit, daß ich die Stellung annehmen müsse, durchdrungen, aber ich habe die gute Eigenschaft, mir glauben zu können. Ich habe auch viele Leute gefunden, die mir recht geben. Aber ich weiß, daß ich Dich, mein Liebchen, wiedersehen werde. Bleib mir gesund, ich muß enden, denn da ist wieder eine Korrektur.

Dein Sigmund

Mein geliebtes Mädchen

Ich bin recht froh, daß wir jetzt einig sind und Du Dir nichts mehr vorhalten kannst, wenn Du mich erwartest. Ich bin auch so glücklich in der Erwartung der schönen Tage, die wir miteinander verleben werden. Ich weiß, hier möchtest Du mich unterbrechen; ich solle mir nichts erwarten, damit ich mich nicht um Enttäuschung zu kränken brauche. Aber, Marthchen, es hängt ja nur von uns ab, wie schön die Tage werden sollen und nicht vom Wetter, von der Stimmung anderer, von guten oder schlechten Nachrichten, die unterdessen kommen können. Ich will nichts weiter von der Reise mitbringen als die Gewißheit, die letzte Überzeugung, daß Du mir ganz angehörst, mit Gesinnung, großer Liebe und kleiner Liebenswürdigkeit. Ein Rückblick, wie Du ihn tust, ist so berechtigt; ich glaube wirklich, ich habe Dich immer viel lieber gehabt als Du mich, oder eigentlich: bis wir nicht auseinander gekommen sind, hattest Du das primum falsum unserer Liebe – wie ein Logiker es nennen würde – daß ich mich Dir aufgedrängt und Du mich ohne Neigung angenommen hast – nicht überwunden. Ich weiß, es ist endlich anders geworden und dieser Erfolg, den ich am lebhaftesten angestrebt habe, worin das lange Mißglücken mich am meisten elend gemacht hat, macht mir Hoffnung für die anderen Erfolge, die ich noch bedarf.

Weißt Du noch, wie Du mir oft sagtest, daß ich die Kunst besitze, Dich jedesmal zum Widerstand zu reizen? Wie es immer Kampf gab zwischen uns, wie Du mir gar nichts zuliebe tatest und wie wir zwei Menschen waren, die in allem Detail ihres Lebens auseinander gingen und sich doch liebhaben wollten, sich doch liebhatten. Und wie ich dann, nachdem lange kein hartes Wort zwischen uns gefallen war, mir zugestehen mußte, daß Du mein Liebchen seist, aber in so gar wenig meine Parteigängerin, daß niemand Deinem Wesen anmerken würde, Du seist auf ein Zusammenleben mit mir eingerichtet, und Du anerkanntest es, daß ich keinen Einfluß auf Dich geübt. Ich fand Dich so voll ausgebildet und jeden Platz in Dir besetzt, und Du warst hart und spröde, und ich hatte keine Macht über Dich. Du bist mir nur immer teurer geworden durch den Widerstand, aber sehr unglücklich war ich dabei, und als wir uns am Anfang der Alserstraße[21] die Hand gaben zum Abschied für dreizehn Monate, war meine Hoffnung sehr winzig, und ich ging davon wie ein Soldat, der weiß, daß er einen verlorenen Posten verteidigt. Und wo unser Beisammensein uns entfremden wollte, kam während der Trennung Nachricht, als ob ich doch der Sieger bleiben sollte – nicht an der Fülle der zärtlichen Worte, nicht an der Erfüllung irgendeines Wunsches – ich weiß selbst nicht woran, aber ich habe es gemerkt, daß ich Dir jetzt was anderes bedeute, daß die Starre und Abgeschlossenheit, über die Du selbst oft klagen wolltest, aufhören würde, wenn wir nur beisammen wären. Und seither bin ich auch ein anderer geworden, viele Wunden haben sich geschlossen, die tiefer gingen, als Du wußtest, eine Heiterkeit und ein Selbstvertrauen, von denen ich ein Jahr lang nichts gewußt hatte, sind in mir erwacht. Und darum will ich nicht länger aufschieben, mich durch ein lang ersehntes Glück des innigen Einverständnisses mit Dir zu stärken, für neue Arbeit. Nur ganz leise taucht der Zweifel auf. Wenn Du jetzt mich so warm liebst, den Du so lange nicht gesehen hast und wenn Du mich wieder siehst, die Stimme, die Geste und das Urteil wieder hörst, die jedesmal Deinen Trotz rege zu machen pflegten, wirst Du nicht finden, daß Deine Innigkeit einer Vorstellung galt, die Du Dir gemacht hattest und nicht dem leibhaften Wesen, das vielleicht ebenso auf Dich wirkt wie vor einem Jahr und vor zweien? Das ›Nein‹, mein Lieb, kann ich nur erleben, und ich warte so ungeduldig darauf. Warten ist geradeso mein Schicksal wie Deines. Warten in Ruhe und Ergebung. Warten in Kampf und Erregung, der Unterschied ist nicht so groß, nicht größer als unsere verschiedenen Weisen, sich gegen die Welt zu stemmen. Noch vierzehn Tage, aber weiter denke ich nicht. Die Jahre dahinter sind mir wie durch einen Schirm verdeckt. Ich habe Dich so lieb und will so gern von Dir hören, daß Du mich auch liebhast und will vier Wochen erleben, die man nicht der Zukunft opfert, wie alle Zeit bisher, die selber Zukunft sind.

Du bist doch wieder wohl, mein süßes Kind? Ich bin es so sehr wie noch nie, und die Arbeit fehlt mir jetzt. Ich muß nachdenken, wie ich mich diese vierzehn Tage über beschäftige. Glaube mit Referatschreiben für die Zeitung und ordentliche Krankenbeobachtung bei Tage. Ich bin sehr angesehen auf der Abteilung.

In meinem Brief ist nichts, mein süßes Marthchen, was Dich kränkt? Du sagst es doch

Deinem Sigmund

Wien, Dienstag, 6. Januar 1885

Mein teurer Schatz

In der Erregung der letzten Tage fand ich keine Ruhe, Dir zu schreiben. Das Spital ist in Aufruhr. Du wirst gleich hören, was es gibt.

Am Sonntag war Koller[1] auf dem Journal, derselbe, der das Cocain zu solchem Ruhm gebracht hat und in neuerer Zeit mir immer näher befreundet. Er gerät wegen eines geringfügigen sachlichen Ereignisses in Differenz mit dem für die Klinik Billroth amtierenden Ausheber und Operateur, und der sagt ihm plötzlich »Saujud«. Nun mußt Du wissen, in welcher Stimmung wir hier leben, in welcher Verbitterung – kurz, wir hätten es alle ebenso erwidert wie Koller – mit einem Schlag ins Gesicht. Der Gezüchtigte lief fort, verklagte K. beim Direktor, der aber ihn tüchtig auszankte und Koller ausdrücklich recht gab. Es war uns allen wie eine Befreiung, daß es so gekommen. Nun sind sie aber beide Reserveoffiziere, müssen sich also fordern und schlagen, und eben jetzt schlagen sie sich auf Säbel unter recht erschwerenden Bedingungen. Lustgarten und Bettelheim (der Regimentsarzt) sind Kollers Sekundanten.

Ich bin zu unruhig, Dir mehr zu schreiben, ich schicke aber den Brief nicht ab, ehe ich Dir Nachricht vom Ausgang des Duells geben kann. Es wäre so viel dazu zu sagen. –

Herzlich hat mich Deine Freude über die kleinen Geschenke gefreut, Minna hat wohl auch nicht geglaubt, daß ich sie auf einen Kalender einschränken werde. Eliot[2] ist für sie, ich habe wieder darum gemahnt. Das Geld, Weibchen, behalte nur für Dich, Minna hat auf einen Teil des früheren Anspruch. Ihr werdet jetzt lange nichts bekommen.

Ich habe sechs Flaschen sehr guten Wein von Paneth bekommen, die nach Hause wandern werden, zum Teil aber auch hier im Zimmer von mir und anderen ausgetrunken werden. Eine Flasche ist heute zu Koller gewandert, ihn vor dem Kampf zu stärken. Eine kühne Ausgabe gedenke ich zu machen. Für die zweiundvierzig Gulden Zinsen von Paneth kaufe ich mir eine ordentliche silberne Uhr, auf deren Rückseite sich ein Zählwerk befindet, das hat den Wert eines wissenschaftlichen Instrumentes, und mein alter Scherben geht nie richtig. Ich bin gar kein

zivilisierter Mensch ohne Uhr. Ein solches Instrument kostet vierzig
Gulden. – Ich bin so ungeduldig beim Schreiben.
Meine Injektionen bei Neuralgie gehen bis jetzt sehr gut, nur habe ich
sehr wenig Fälle. Gestern war ich bei Professor Weinlechner[3] und Standhartner[4], die mir die Erlaubnis gegeben haben, alle ähnlichen Fälle auf
ihren Abteilungen so behandeln zu dürfen. Jetzt hoffe ich bald mehr über
den Wert des Verfahrens zu lernen.
Ich muß hingehen, ob sie schon zurück sind.
Es ist gut abgelaufen, Weibchen. Unser Freund ist ganz unverletzt, und
der Gegner hat zwei tüchtige Hiebe abbekommen. Wir sind alle herzlich
froh, ein stolzer Tag für uns. Wir werden Koller ein Geschenk zur bleibenden Erinnerung an den Sieg machen.
Leb wohl, mein Schatz, und schreib bald wieder

Deinem Sigmund

Wien, Freitag, 16. Januar 1885

Mein süßer Schatz
Einen schönen herzlichen Gruß zum Siebzehnten; weißt Du nebenbei,
daß auch an einem Siebzehnten mein Kurs begonnen hat? Und jetzt rasch
meine Nachricht, damit Du Dich gleich freuen kannst. Die Würfel sind
gefallen. Ich habe mir heute den wilden Bart schneiden lassen und bin zu
Nothnagel gegangen, dem ich eine Karte einschickte »erlaubt sich zu fragen, ob und wann Herr Hofrat ihn in einer wichtigen persönlichen Angelegenheit hören wollen«. Dasselbe Gedränge, dasselbe angstvolle Flü-
stern der Leute um mich her, ob ich denn auch ein Arzt sei und also vor
ihnen eingelassen werde, die schon so lange warten. Am besten verstand
ich eine Konversation einer Dame in Trauer mit ihrem Bruder. Der weibliche Scharfblick diagnostizierte gleich was Bedenkliches in mir, während
der Herr Bruder mit überlegenem Lächeln die Vermutung, ich könnte
auch der schädlichen Klasse angehören, zurückwies. Endlich kam die
Enttäuschung, denn ich war vor allen drin vor dem Manne[5], der so oft
entscheidend für mich gewesen war, und hinter ihm wieder das Bild der
sinnigen, ernsten, toten Frau. Ich fragte kurz, ob ich mein Anliegen jetzt
vorbringen solle, oder später. Er meinte, wenn es kurz sei, jetzt, sonst
würden wir uns besser zu einer anderen Zeit besprechen. Ich versprach,
kurz zu sein. »Sie haben einmal geäußert, daß Sie mir behilflich sein
wollen, und ich glaube daran, weil Sie es gesagt haben. Nun ist Gelegenheit dazu. Ich stelle die Anfrage an Sie, ob ich jetzt auf Grund meiner

bisherigen Arbeiten die Dozentur verlangen soll oder ob ich weitere ab-
warten muß.« – »Was haben Sie alles gearbeitet, lieber Doktor, über
Coca –« (Coca ist also doch zunächst an meinen Namen geknüpft). Ich
unterbrach, indem ich das Paket meiner gesammelten Schriften, die aus
der vormarthlichen Zeit und die aus der späteren, hervorzog. Er zählte
bloß die Nummern. »Nach der Zahl sind es acht oder neun«, sagte er, »o
Gott, reichen Sie getrost ein. Was für Leute werden denn nicht zur Dozentur zugelassen. Es wird nicht den mindesten Anstand haben.« –
»Aber ich habe noch mehrere Dinge zu veröffentlichen, davon zwei in
allernächster Zeit.« – »Die brauchen Sie nicht, das ist mehr als genug.« –
»Und es ist jetzt wenig für Nervenpathologie darunter.« – »Das macht
nichts, wer kann denn Nervenpathologie verstehen, ohne Anatomie und
Physiologie betrieben zu haben? Sie wollen doch die Dozentur für Nervenpathologie? Da werden drei zum Referat gewählt, Meynert, Bamberger[6] und ich wahrscheinlich. Es wird sich kein Widerspruch erheben, und
wenn sich Bedenken im Kolleg verlauten lassen, so sind wir ja Manns
genug, unsere Sache zu vertreten, nicht wahr?« – »Da darf ich also annehmen, daß Sie diese Dozentur unterstützen? Von Meynert weiß ich,
daß er's ohne weiteres tut.« – »Gewiß, und ich glaube nicht, daß jemand
was dagegen einwenden wird; wenn aber, so werden wir's doch durchset-
zen.« Ich sagte noch: »Es handelt sich darum, Kurse, die ich unrechtmä-
ßig lese, zu legitimieren. Ich lese zwar nur für Engländer in englischer
Sprache, aber die drängen sich dazu.« – Dann schüttelten wir uns kräftig
die Hände, und ich ging als der jüngste Dozent von dannen. Ich reiche
noch in nächster Woche ein. Die goldene Schlange wird Dir diesmal nicht
entgehen.
Einen herzlichen Kuß für viele von

Deinem Sigmund

Wien, 10. März 1885

Mein süßer Schatz
Weh, wenn Du einmal so reich geworden bist, daß ich wie in den schlechten Romanen es Dir in einem höflichen Brief anheimstellen muß, ob Du
noch meine Verlobte sein willst, da ich Deinem Glück und so weiter unmöglich im Wege sein dürfte. Ich freue mich schon auf den Brief und
Deine Antwort – aber ich glaube, vor einem Jahr haben wir schon einmal
in dieser Phantasie geschwelgt. Weißt Du übrigens nicht, daß nur die
Armen sich genieren, was geschenkt zu nehmen, die Reichen nie.

Sonst, mein Liebchen, geht es mir so köstlich wohl, ich bin wie Hans im Glück, heute werden so die letzten Geschäfte beendet und dann habe ich greulich viel Zeit, den ganzen Nachmittag bis auf eine Stunde zum Augenspiegeln, und das Licht ist so schön. Ich habe gar keinen Impuls zum Faulenzen, ich bin recht fleißig aufgelegt. – Das Gesuch[7] ist heute überreicht worden, die Sache ist aussichtslos, obwohl Lustgarten den Professor Ludwig für mich engagiert hat, und vielleicht das dabei herausschaut, daß der neue Primarius eine gute Meinung von mir bekommt und mir einmal bei ihm zu lesen gestattet.

Den Kurs habe ich heute geschlossen, es kam noch eine Dame für den nächsten, der ich sagen mußte, daß ich keinen mehr lese.

Weißt Du, heute ist ein völliger Abschnitt in meinem Leben, alle alten Dinge sind ausgetragen, ich bin in ganz neuen Verhältnissen. Es war doch eine schöne Zeit, an die Kurse habe ich nur liebliche Erinnerungen, es war nicht das Geld allein, es war das Lernen und Lehren, ich bin doch im Hause dadurch als etwas anerkannt worden.

Soll ich heute zu Breuer, Abschied nehmen für die Zeit, da ich mich vergrabe? Ich will es tun. Ich war lange nicht so wohl wie in diesen schlechten Tagen und habe auch kaum je so gut ausgesehen. Nach Hause komme ich nicht, meine Geldlosigkeit tut mir zu weh, um sie dort einzugestehen. Sie merken es ja ohnehin.

Ich behalte noch meine alte Wohnung in diesem Monat, habe aber meine Bedienerin gewechselt und fühle mich sehr wohl dabei. Ich esse jetzt Nachtmahl zu Hause, bescheiden, aber mit Lust und kann Pläne schmieden, lesen und referieren so viel ich will.

Fleischl habe ich gestern geschrieben, mir aber keine Antwort ausbedungen, weil ihm das Schreiben so schwer fällt. Ich gehe Freitag oder Samstag, da bin ich mit meinem Vermögen gerade zu Ende, zu ihm. Ich bin eigentlich neugierig, ob er mir was leihen wird...

Du schreibst mir nichts von Minna? Sie erholt sich gewiß, bis wir uns wiedersehen.

Es grüßt Dich herzlich   Dein Sigmund

Ich gebe Dir das feierliche Versprechen, daß ich Dich auch nehme, wenn Du jene 1500 Mark nicht bekommst. Im Notfall nehme ich Dich mitsamt den 150,000,000 Mark.

Mein teures Liebchen

Darüber böse zu sein, daß Du so ungebärdig Nachricht verlangst, ist schwer, und Du willst mich auch nicht im Ernst dazu auffordern. Ich bin zu froh darüber, daß mich jemand lieb hat, und daß Du es bist. Du bist nun hoffentlich beruhigt. Du darfst mir immer glauben, wenn ich was sage; weißt Du das noch nicht? Ach, was bist Du für ein schlimmes Mädchen! Wenn ich besser beisammen wäre, würde ich versuchen, ein wenig zu schimpfen, aber ich bin so entsetzlich müde, ich glaube ich wäre jetzt sehr dankbar, wenn Du mir ein zärtliches Wort geben könntest. Aber zwei Tage darauf warten, ich hoffe dann nicht mehr müde zu sein.

Jetzt will ich Dir meine kleinen Projekte erzählen. Ende dieser Woche bin ich meiner Verpflichtung, mich für gemeingefährlich[8] zu halten, erledigt, am Samstag früh soll der Schneider mit einem Sommeranzug kommen. Wenn das Wetter schön ist, setze ich mich gleich auf die Eisenbahn und laufe drei Tage mindestens auf dem Semmering herum. Allein, ohne Dich kann's ja nicht schön sein; es soll aber auch gar kein Genuß werden, nur eine Arzenei. Vorher, am Dreißigsten, soll der Apotheker mir das Geld für die Cocainuntersuchung geben. Jetzt wollen wir sehen, ob alles so zusammengeht.

Das war ein schlechter, unfruchtbarer Monat. Wie froh bin ich, daß er so bald zu Ende geht. Ich mache den ganzen Tag gar nichts, blättere manchmal in – russischer Geschichte, und nur hie und da quäle ich die beiden Kaninchen, die im kleinen Zimmer Rüben fressen und den Boden beschmutzen. Ein Vorhaben habe ich allerdings fast ausgeführt, welches eine Reihe von noch nicht geborenen, aber zum Unglück geborenen Leuten schwer empfinden wird. Da Du doch nicht erraten wirst, was für Leute ich meine, so verrate ich Dir's gleich: es sind meine Biographen. Ich habe alle meine Aufzeichnungen seit vierzehn Jahren und Briefe, wissenschaftliche Exzerpte und Manuskripte meiner Arbeit vernichtet. Von Briefen sind nur die Familienbriefe verschont geblieben, Deine, Liebchen, waren nie in Gefahr. Alle alten Freundschaften und Beziehungen haben sich dabei mir nochmals präsentiert und stumm den Todesstreich empfangen (meine Phantasie lebt noch in der russischen Geschichte); alle meine Gedanken und Gefühle über die Welt im allgemeinen und soweit sie mich betraf im besonderen, sind für unwert erklärt worden, fortzubestehen. Sie müssen jetzt nochmals gedacht werden, und ich hatte viel zusammengeschrieben. Aber das Zeug legt sich um einen herum wie der Flugsand um die Sphinx, bald wären nur mehr meine Nasenlöcher aus dem vielen Papier herausgeragt; ich kann nicht reifen und nicht sterben ohne die Sorge, wer mir in die alten Papiere kommt. Überdies alles, was hinter dem großen Einschnitt in meinem Leben zu liegen fällt, hinter unserer Liebe und meiner Berufswahl, ist lang tot und soll ihm ein ehrliches Begräbnis nicht vorenthalten sein. Die Biographen aber sollen sich plagen, wir wollen's ihnen nicht zu leicht machen. Jeder soll mit seinen Ansichten über die ›Entwicklung des Helden‹ recht behalten, ich freue mich schon, wie die sich irren werden.

Vormittags war ich bei Fleischl, ich war schon zweimal bei ihm, er hatte aber geschlafen. Es geht ihm nicht anders als sonst, er beginnt heute Vorlesungen zu halten und darf neugierig sein, wie er's aushält. Er hält einen Papagei im Zimmer, der ihm näher steht als mancher Mensch. Ein impertinent schön gefärbtes Tier, dem er alle möglichen Feinheiten nachsagt, während ich behaupten muß, es sei ganz dumm. Das Vieh hat eine Art Gekrächz, die er als »Bröckerl« auslegt; heute zu meinem Erstaunen hat es richtig seinen Namen »Lore« mehrmals herausgebracht. Das Tier kann eine Kunst: auf Befehl seine Flügel ausbreiten, damit man deren Schönheit bewundert, aber heute hat Fleischl es eine halbe Stunde lang gebeten, es zu zeigen und mit solcher Innigkeit, wie man sie gerade einmal im Leben für ein Mädchen aufbringt, und das Zeug kümmerte sich nicht darum. Er mußte zugeben, daß das von einem schlechten Charakter zeugt.

Ich hörte noch, daß Leidesdorf und Pollitzer für mich gewonnen sind.[9] Letzteren soll ich auch besuchen, aber jetzt nicht, zuerst muß ich wieder ganz Mensch sein.

Es grüßt Dich herzlich und dankt Dir für Deine vielen Briefe

Dein Sigmund

Wien, Donnerstag, 7. Mai 1885

Mein teures Prinzeßchen

Heute sind meine Schätze angekommen und haben mich herzlich froh gemacht. Die Mappe habe ich mir gar nicht so leicht verständlich gedacht, ich kann sie vortrefflich brauchen, das Rezeptblöckchen ist einfach reizend, ich kann's gar nicht glauben, daß Du so wenig Anweisung dabei gehabt hast, ich nehme es aber jetzt nicht in Gebrauch, es ist zu schön dazu, erst in der wahren Praxis. Endlich die Keks sind vom würzigsten Wohlgeschmack, ganz unwahrscheinlich, daß Keks so schmecken können. Bei dem Genuß der Zärtlichkeit, die Du auf mich verwendest, bin ich auf eine Reihe von Gedanken gekommen, die darin geendet haben: Es ist mit dem Vorbereiten für die Heirat wie mit dem Machen einer Arbeit; man wird nie fertig, man muß endlich sich einen Termin setzen und irgendwo abbrechen. Und ich habe für meinen Teil beschlossen, daß unser Unglück am 17. Juni 87 zu Ende sein muß, daß wir dann Mann und Weib sein müssen, ob es nun uns gut, schlecht oder noch gar nicht geht. Warum sollen wir nicht auch was miteinander ertragen können, und fürs erste Jahr wären wir ja durch Dein Geld – meines wird bis dahin verausgabt sein – gedeckt. Dieser Vorsatz, der ganz ernsthaft gemeint ist, ist noch von der Zustimmung eines Menschen abhängig, von Deiner, Marthchen.

Heute war ich zu Hause und habe sonst einen kühnen Schritt getan, bin zu Tischer[10] gegangen und habe mir die zwei Anzüge, die ich zunächst brauche, bei ihm bestellt. War's Dir recht? Als es herauskam, wer ich bin, wurde ich mit offenen Armen empfangen.

Gute Nacht, mein süßer Schatz. Es ist nun halb zwei Uhr nachts, der Tag ist mir noch so zerronnen. Morgen hoffentlich Arbeit. Die Blumen sind für Minna, und für mich kommt morgen hoffentlich ein Brief.

Dein Sigmund

Wien, Dienstag, 12. Mai 1885

Mein teures Weibchen

Ich bin so froh über Dein neues Ja[11] im letzten Brief, wie ich nur über das erste war. Wir wollen's so einrichten, wie Du vorschlägst, wenn wir nur irgendwas tun können. Ich weiß ja, die Zeit der Mühe und Sorge wird dann nicht aufhören, aber ich glaube, Du weißt es auch und willst es schätzen, daß wir sie dann teilen und daß wir den sehnlichsten Wunsch erfüllt haben. Wir werden nicht glücklicher, nicht jugendfrischer durch's lange Warten, und wie Du zugibst, ja auch nie mit der Sorge um unsere Zukunft fertig. Ich nehme Deine Zustimmung als eine ernstgemeinte und von keinem augenblicklichen Zustand eingegebene an und bin herzlich froh darüber, ich kann's gar nicht anders sagen.

Laß Dir jetzt noch erzählen, daß ich heute im Klub[12] eine Stunde lang Vortrag über meine Gehirnanatomie gehalten habe, eigentlich nur für einen Menschen, Professor Obersteiner[13], denn die anderen mußten sich sehr langweilen dabei, aber ich habe mich sehr gefreut und den schwierigen Gegenstand nicht schlecht behandelt. Auch habe ich eben einen Brief an Professor Mendel in Berlin, der ein Neurologisches Zentralblatt herausgibt, geschrieben, um die Aufnahme einer vorläufigen Mitteilung zu erwirken; die Sachen freuen mich etwas. Du darfst aber nicht erwarten, daß ich jetzt außer Hirnanatomie etwas mache.

Daß Du Dich mit Tischer freuen würdest, wußte ich ja, ich tat es nur Deinetwegen, denn vor den hohen Preisen habe ich riesigen Respekt. Ich habe erst einen Anzug, den trage ich vormittags – Augenheilkunde ist eine reinliche Arbeit – und ziehe ihn nachmittags, wenn ich ins Laboratorium gehe, immer aus.

Das mit Dr. Rabl, was Dich so entsetzt, ist gar nichts Arges und gar nichts Neues. Es ist Begünstigung, aber kaum übel angebrachte, denn das ist wirklich ein tüchtiger Mensch. Außerordentlicher Professor kann man auf gar keine andere Weise werden, als daß ein ordentlicher einen dazu vorschlägt.

Das Kreuz[14] macht doch nichts? Wir sind ja nicht abergläubisch oder orthodoxisch fromm.

Bist Du auch wieder wohl, mein Schatz? Ich befinde mich ganz glänzend. Das bißchen Erfolg im Arbeiten hilft mir auch auf. Nothnagel war heute in der Sitzung, aber sehr ungeduldig, nach Hause zu kommen. Entweder war ihm ein Kind krank oder zehn Patienten à zehn Gulden warteten auf ihn.

Bei Fleischl war ich schon dreimal, er schlief aber jedesmal. Mit Meynert ist nicht auszukommen, er hört einen nicht und versteht einen nicht. Ich schenke ihm reichlich Präparate, und so sieht er mich jetzt gern.

Gute Nacht, mein Schatz, auf gutes Glück und die Erfüllung unseres Vorsatzes.

Dein Sigmund

Wien, Dienstag, 26. Mai 1885

Mein teurer Schatz

Es scheint, daß infolge der zwischen uns bestehenden Sympathie Du Pfingsten nicht besser verbracht hast als ich, das wäre sehr schlecht. Hast Du damals gar nicht daran gedacht, als Du von Wien fortgingst, was es mit unserem Wiedersehen sein würde? Weißt Du noch, wie ich mich gefreut habe, als Du mir versprachst, hier zu bleiben? Ich wußte es sehr genau, wofür ich den zärtlichen Verwandten zu Dank verpflichtet sein würde. Dies Jahr sehe ich noch keinen Weg, der nach Wandsbek führt. Mein Amerikaner ist nur für vierzig Gulden im Monat gut, wenn er aushält, und wird im Ganzen kaum mehr als hundertzwanzig Gulden liefern. Davon will ich zum mindesten die Hälfte für die Mutter abseits legen. Das Reisestipendium würde mich erst im Oktober zu Dir führen, aber wie froh wäre ich auch im Oktober. Weißt Du, was wir tun werden? Sehr still und mißvergnügt sein, glaube ich, und weiter nichts. – Ich bin nicht so vollkommen arbeitsfähig und arbeitsfreudig als ich es brauchte, vielleicht ist meine Unausgeschlafenheit daran schuld. Pfingstsonntag nacht war ich wieder bei Fleischl und halte den greifbaren Gewinn einer solchen Nacht, die geistige Erhebung, die Klärung und Anregung in so vielen Urteilen wohl einen Schlaf wert. Um vier Uhr bin ich ihm aber auf einem Lehnstuhl eingeschlafen, und als ich um halb sieben Uhr erwachte, hatte er sein zärtlichstes, leidensvollstes Gesicht und schrieb an einer Abhandlung. Dieses Feenreich von Geist und Unglück trägt natürlich viel dazu bei, mich meiner Umgebung zu entfremden, ich bin so unbehaglich im Spital wie kaum zuvor. Auch die Arbeit geht recht langsam. Die Publikation erwarte ich in den ersten Junitagen.

Vom Reisestipendium, das, hoffe ich, Samstag zur Entscheidung kommt, eine ungünstige Nachricht. Als ich unlängst bei Dittel [15] mich vorstellen war, hörte ich von ihm, daß der eine, gefährlichere der Bewerber wegen seiner ›Jugend‹ zurücktreten würde. Nun war es meine Chance, daß die christlichen und mir unfreundlichen Stimmen sich auf die beiden so verteilen würden, daß keiner mir an Stimmenzahl gleichkommt, denn mir ist über ein Drittel der Stimmen sicher. Tritt einer zurück, so ist mir der andere ohne allen Zweifel überlegen. Vielleicht ist es gar nichts Gutes, wenn ich es bekomme. Merkwürdig ist, daß ich wiederholt lebhaft davon geträumt habe. Einmal träumte ich, daß ich es bekommen hatte, die Details waren aber verwischt, und letzte Nacht träumte ich wieder sehr lebhaft, wie ich bei der Verkündung der Entscheidung dabei sei, und wie ich höre, daß das Stipendium geteilt und ›Christian‹ (er heißt gar nicht so) Dimmer die eine, ich die andere Hälfte erhalten hätten, worauf ich einen sehr groben Brief schrieb, daß man mit dreihundert Gulden zwar nach Wandsbek aber nicht nach Paris gehen könne, daß ich mir dann das Doppelte dazu ausborgen müßte und daher lieber verzichte! Paneth hat mir nämlich angeboten, meinen Pariser Aufenthalt von seinen Mitteln zu verlängern.

Mittwoch bin ich zu Paneths eingeladen. Schatz, Schatz, wie geht es Dir eigentlich und bist Du auch recht gesund? Denn wenn Du das bist, kommen wir doch gewiß bald nicht zu seidenen, aber zu leinenen Bettdecken. Weißt Du, daß ich diese Ausstattungen sehr hasse und warum? Sie erscheinen mir als ein sehr würdiges Objekt der Eifersucht. Nicht?

Es grüßt Dich herzlich   Dein Sigmund
Minnas Geburtstag!

Mein teures Liebchen

Also es geschieht doch etwas, endlich! Heute habe ich die Einladung zum Kolloquium bekommen, welches ich Samstag, den Dreizehnten, vor dem Professorenkollegium ablegen soll. Eine Scheinprüfung, glaube ich, weiter nichts. Was es aber dabei zu tun gibt! Zylinder und Handschuhe kaufen, und dann was für [einen] Rock soll ich anziehen? Ich muß im Frack erscheinen – soll ich den ausleihen oder machen lassen? Nun war ich bei Tischer und habe mir einen Schlußrock bestellt, ich bin aber noch gar nicht entschlossen, bei der Bestellung zu bleiben. Denn dann muß ich mir fürs Kolloquium und für die Probevorlesung einen Frack ausleihen, einen schwarzen Rock brauche ich aber auch, ich brauche eben beides. Wie wird sich das lösen? Ich bin ganz ratlos, und die vielen Schulden!

Mein Urlaub ist bewilligt, von Paneth habe ich eine Reisetasche entlehnt und erhalte eben einen Brief von Obersteiner, mich so einzurichten, daß ich bis Donnerstag nicht dort schlafe. Das erleichtert mir das Überziehen, da ich meine Sachen zu mehreren Malen hinbringen kann. Ich nehme Bücher mit und Hirnpräparate.

Fünfzig Gulden habe ich heute der Mutter übergeben. Breuer hat sich in der Affäre mit Fleischl wieder glänzend gezeigt. Wenn man nur Gutes von ihm sagt, kann man ihn nicht genügend charakterisieren, man muß die Abwesenheit von soviel Schlechtem mit hervorheben.

Das Reisestipendium, mein Liebchen, wäre mir über alles willkommen, ich war wirklich schon bereit, darauf zu verzichten, als ich in Gedanken auch auf die Wandsbeker Reise verzichtet hatte; aber jetzt, wo mir eine kleine Summe (hundert Gulden) für letzteren Zweck sicher ist, fällt es mir schwer, eine so wertvolle Unterstützung in Gedanken aufzugeben. Hundert Gulden sind ja so wenig für die Reise, selbst wenn wir noch so sehr sparen, und ich Dir gar kein Geschenk mache; ich kann kaum zehn Tage mit dem bleiben, was mir nach Abzug des Reisegeldes übrigbleibt. Dabei fällt auch mein Gehalt weg, denn ich kann keinen neuen Urlaub mehr beanspruchen, ich muß am 1. September austreten, was ich gerne tue. Es ist so schauderhaft, wenn man kein Geld hat, Liebchen. Ich weiß nicht, wer es den Frauen aufgebracht hat, daß ihre Kleider so kostspielig sind, daß man sich nicht getrauen darf, eine zu heiraten. Mir graut vor meiner Schneiderrechnung!

Die für die beiden nächsten Samstage bestimmten Vorgänge[16] werden mich über die wahrscheinliche Langeweile in Döbling in Atem halten. Auch meine hirnanatomische Mitteilung soll am 15. Juni erscheinen.

Auch unser Verlobungstag und Minnas Geburtstag fallen dazwischen hinein. Wirklich ein ereignisvoller Monat. Wenn alles gut ausginge. Mein Amerikaner hat die ersten zwanzig Gulden gezahlt, die für Euch bereit liegen. Er zahlt alle zwei Wochen, er ist überhaupt für mein Prinzeßchen und Prinzeßchenschwester tributpflichtig. Von anderen Einnahmequellen habe ich jetzt nur den Baron S., der zwei Visiten gemacht hat, vielleicht noch zwei in dem Monat macht.

Eines ist mir schrecklich. Ich bin so unendlich faul, daß ich mich gar nicht getraue, es mir ordentlich zu überlegen, wohin das führen soll. Dazu die Hitze! Marthchen, Du wirst finden, daß ich heute nicht über der Situation stehe.

Schreibe mir nur immer unter der alten Adresse.

Ich grüße Dich herzlich, teurer Schatz,

Dein Sigmund

Montag, 8. Juni 1885
Heilanstalt in Oberdöbling

Mein süßes Liebchen

Man erlebt doch etwas. Gestern war ein höchst amüsanter Tag, heute ist es erst halb elf Uhr, ich finde es auch recht merkwürdig und lustig. Erzählen könnte ich Dir leichter als beschreiben, doch will ich gerne versuchen, was ich da leisten kann. Hast Du einmal die Heilanstalt gesehen? Erinnerst Du Dich an den schönen Park am Ende der Hirschenstraße, der sich dann gegen Grinzing, wo die Straße den Bogen macht, fortsetzt? In dem Park liegt auf einer kleinen Anhöhe die Heilanstalt, bestehend aus dem zweistöckigen, großen ›Haus‹, dem kleinen Haus und einem Neubau, gegenüber liegt noch das sogenannte Pflegehaus für ganz abgelagerte Fälle. Um acht Uhr kam ich gestern mit einem Spazierstock als Gepäck an und wurde Mitglied dieser höchst zusammengesetzten Gemeinde. Ich muß Dir die Personen etwas näher beschreiben. Da ist zuerst Professor N. N., der Oberherrscher, den ich bisher nur vom Ruf und Gesicht gekannt habe. Ein alter Herr, getaufter Jude, mit vertrackten Gesichtszügen, einer kleinen Perücke und steifem Gang, entweder infolge von Gicht oder einer Nervenkrankheit. Er ist außerordentlicher Professor der Psychiatrie, Primararzt an der Irrenanstalt, war der Lehrer von Meynert, aber der Schüler hat den Lehrer aus jeder wissenschaftlichen Position verdrängt, nur in der Praxis hat er ihm wenig anhaben können. Er ist kaum sehr begabt, aber was man sehr gescheut heißt, ein alter Praktikus und von zweifelhaftestem Charakter, nur egoistisch, völlig unzuverlässig und trotz seiner fünfundsechzig Jahre oder mehr keinem Genuß abgeneigt. Die Heilanstalt hat er in Gemeinschaft mit einem Dr. Obersteiner, der ein Stiefbruder vom Minister Haymerle[17] ist. Da nun N. N. eine einzige Tochter und Obersteiner einen einzigen Sohn hatte, haben die beiden einander geheiratet und der junge Professor Obersteiner, der Schwiegersohn von N. N., ist der eigentliche Leiter der Anstalt. Obersteiner ist ein Freund von Breuer, Fleischl, Exner[18] und dergleichen, Schüler von Brücke und mir daher seit langem bekannt. Ich war oft bei ihm draußen, um mir die Bücher, die ich für meine Publikationen brauchte, auszuleihen. Er ist klein, dünn und unansehnlich, von sehr liebenswürdiger Gemütsart, großer Gewissenhaftigkeit und Anständigkeit. In der Wissenschaft ein fleißiger Arbeiter ohne besondere Leistungen, als Arzt zaghaft und bescheiden. Die Frau ist lang, blaß, von angenehmen Gesichtszügen, unverkennbarer Ähnlichkeit mit ihrem Vater, sie hat die wirtschaftliche Herrschaft der Anstalt, ist früh auf und arbeitet an allem mit. Zwei Kinder habe ich auch zu Gesicht bekommen. Das ältere, ein Knabe, leider infolge einer Hirnerkrankung halb gelähmt. Bei Tische lernte ich auch den Assistenten Dr. K. kennen, der schon zwölf Jahre im Hause ist, ein schöner und schrecklich langweiliger Germane. Er ist verheiratet, wohnt mit Familie im Hause, seine Frau sieht meiner Nichte Pauline[19] frappant ähnlich. Beide sind heute verreist. Das Hauspersonal besteht noch aus einem imposanten Kerl von Inspektor, einem Fräulein Toni in der Küche, einem Fräulein Marie als Gesellschaftsdame für die Frauen, beide ehrwürdige, feste Matronen, ungezählten Wärtern und Stubenmädchen, letztere sehr hübsch, wahrscheinlich des alten Professors Auswahl. Sechzig Kranke werden im Haus verpflegt, Geisteskranke in allen Abstufungen von leichtem Schwachsinn, den der Laie nicht bemerkt, bis zum tiefsten Grad psychischer Versunkenheit. Die ärztliche Behandlung ist natürlich geringfügig, beschränkt sich auf die nebenbei eruierten internen und chirurgischen Beschwerden, sonst ist alles Überwachung, Pflege, Kost und Gewährenlassen. Die Küche ist natürlich im Haus. Die mildesten der Kranken speisen mittags mit der Direktion, dem Arzt und Inspektor gemeinsam. Es sind natürlich lauter reiche Leute, Grafen, Comtessen, Barone und dergleichen. Pièces de résistance sind die zwei Durchläuchte, Fürst S. und Fürst M. Letzterer, wie Du Dich erinnern wirst, ein Sohn von Marie Louise, der Frau Napoleons, und so wie unser Kaiser ein Enkel von Kaiser Franz. Du glaubst nicht, wie schäbig diese Fürsten und Grafen aussehen, obwohl sie nicht eigentlich schwachsinnig, sondern nur so ein Gemisch von schwachsinnig und exzentrisch sind.

Jetzt komme ich zu mir. Ich habe alle Ursache, mit dem Empfang zufrieden zu sein. Der alte Professor behandelte mich sehr freundlich, erkundigte sich nach Kolloquium und Reisestipendium, für welches er mir Aussichten machte. Zum Frühstück gestern und heute und zum schwarzen Kaffee war ich mit den Professoren allein. Obersteiner natürlich hat mich in alle die Gebarungen eingeführt und ist so gut, wie er immer war. Durch etwas Diagnostizieren habe ich ihm sehr imponiert, scheint es, und er lobt meine Brauchbarkeit zum Verkehr mit einem Amerikaner, der vorgestern angekommen ist, und mein Geschick, die Krankennamen und Gesichter zu behalten, obwohl er da noch viele Verwechslungen von mir erleben wird. Man wird sehr gut genährt, um halb zwölf Uhr ein Gabelfrühstück, um drei Uhr Mittag, gestern bin ich vor dem Nachtmahl in die Stadt gegangen. Da ich eigentlich noch obdachlos bin, ist mir seine Bibliothek zum Aufenthalt eingeräumt, ein kühles Zimmer mit Aussicht auf alle Hügel um Wien, in dem ein Mikroskop steht und an den Wänden ein Schatz von Literatur des Nervensystems, mit dem man sich schwer langweilen kann. Außerdem haben sie mir eine Ecke in N. N.s Salon zum Essen und Schreiben hergerichtet. Es wird eben drin aufgedeckt, ich schreibe aber in der Bibliothek. Donnerstag wird ein Zimmer für mich frei, wo ich auch allein die Mahlzeiten nehmen werde. Die Arbeit ist nun die, daß man morgens von halb neun bis zehn Uhr Visite macht – zusammen, dann fährt Obersteiner in die Stadt und kommt am Nachmittag zwischen zwei und vier Uhr zurück, das ist die Zeit meiner eigentlichen Verantwortlichkeit, in welcher auch einmal was Ärztliches zu tun ist, etwa ein Fräulein mit der Schlundsonde zu füttern wie heute, sonst Auskunft zu geben, wenn Besucher oder amtliche Kommissionen kommen. Ich habe freie Zeit von der Morgenvisite bis Mittag drei Uhr, von solchen etwaigen Unterbrechungen abgesehen, und dann von drei bis sieben Uhr, wo man wieder durch die Krankenzimmer geht. Im Ganzen ist sehr wenig zu tun, wenn man nicht Direktor oder Köchin ist, und man könnte hier wirklich idyllisch mit Frau und Kind leben, wenn nicht das fördernde und belebende Element des Kampfes ums Dasein fehlen würde. Es ist ja eigentlich eine Beamtenstellung. Wenn's aber draußen nicht geht, und ich durchaus Hirnanatomie arbeiten will, frage ich bei meinem Weibchen an, ob so eine Existenz, wo sie nicht einmal für die Küche zu sorgen braucht, ihr behagen würde. Es hat sein pro und contra, nur laß mich jetzt nicht daran denken.

Ich kann die drei Wochen, abgesehen von der Faulenzerei, dem guten Essen, auch sonst ausnützen, ich schreibe eine Krankengeschichte und sammle Literatur für eine neue Publikation, zu welcher dann noch anatomische Untersuchungen hinzukommen. Auch werde ich die Präparate studieren, die ich im vorigen Monat gemacht habe.

Schreibe mir nur hierher, Dr. S. F., Arzt in der Heilanstalt Oberdöbling, Hirschengasse 71, ich will so viel Zeit als möglich hier zubringen, damit die Leute für die gute Behandlung auch was von mir haben. Meine Ordination halte ich nur Mittwoch und Freitag, an den Tagen, wo mein Amerikaner kommt, sonst habe ich ja in der Stadt nicht viel zu besorgen.

Es grüßt Dich herzlich   Dein Sigmund

Wien, Freitag, 19. Juni 1885

Mein geliebtes Weibchen

So bang wie in den letzten Tagen war mir kaum in den ersten, nachdem wir zum ersten Male uns trennen mußten. Und das hat Dein zärtlicher, süßer Brief getan, den ich immer bei mir trage. Ich bin so glücklich ohne Einschränkung darüber, nur merke, daß so vollkommene Befriedigung verstummen macht. Ich kann Dir gar nichts darüber schreiben, als daß, wenn es nicht drei, sondern sieben Jahre – nach dem Gebrauch bei unserm Patriarchen – bedurft hätte, bis meine Werbung den Erfolg erreicht, ich es nicht für verfrüht und nicht für verspätet gehalten hätte. Wie dumm das herauskommt, und wie man sich ärgert, wenn man, gewohnt der Sprache zu gebieten, einmal so gar keinen Ausdruck zu Gebote findet. Der Sprödigkeit wegen, über die ich mich lange beklagt, habe ich Dich immer hochgeachtet; ich könnte auf eine Liebe nicht trauen, die auf den ersten Ruf bereitwillig kommt, und auf das Recht verzichtet, mit der Zeit und dem Erlebten zu wachsen und sich zu entfalten. – Nein, ich bringe darüber nichts zustande. Ich will lieber denken, wie die zweieinhalb Monate rasch vergehen werden, und wie wir dann so glücklich miteinander sein werden, und wie wir daran arbeiten wollen, die bestimmte Frist einzuhalten oder abzukürzen. Dann sag ich Dir alles, und Du wirst mich besser verstehen, als ich jetzt hoffen kann. Aber ich hoffe doch, Du zweifelst nur ganz selten an meiner Liebe, nur in Momenten solcher Erregung, und sonst weißt Du ja, wie ich vom Anfang an, da ich Dich gesehen, entschlossen – nein gedrängt war, um Dich zu werben, und wie ich's getan, trotzdem alles, was verständig heißt, mir hätte abraten sollen, und wie ich seither so unermeßlich glücklich bin und wieder alle Zuversicht gewonnen habe und so weiter – mein geliebtes Marthchen.

Das Leben in der Anstalt ist sehr viel angenehmer, als ich mir getraut zu erwarten, und zwar wegen der großen, ungeheuchelten, aus wirklicher

Abb.13: Sigmund Freud, ca. 1885

Güte entspringenden Liebenswürdigkeit Obersteiners. Auch mit dem Alten stehe ich recht gut; mitunter, wenn jemand kommt, um sich von ihm ordinieren zu lassen, fungiere ich als Privatassistent und habe auch das Versprechen, daß er mir Leute zum Elektrisieren schicken wird. Hie und da entschlüpft ihm ein guter Rat, wie zum Beispiel sich auf die Nervenkrankheiten der Kinder zu werfen; wenn man nur die amtliche Stellung dazu bekäme!

Morgen, Samstag, wird nicht nur über mein Kolloquium referiert und abgestimmt, und mir Thema und Termin des Probevortrags[20] gegeben, sondern auch über das Reisestipendium abgestimmt, das mir ungeheuer wichtig ist, obwohl nicht mehr so wie damals, als meine Reise zu Dir ausschließlich von der Entscheidung abhing.

Ich träume jede Nacht vom Reisestipendium, so gestern, daß Brücke mir gesagt, ich könne es nicht bekommen, es seien noch sieben andere Bewerber, die alle mehr Aussicht hätten! . . .

Unser Album ist mit beiden Bildern gerade voll und ich habe beschlossen, sobald ein neues Bild kommt – im September – ein neues Martha-Album anzulegen.

Ich grüße Dich und Minna herzlich und gebe Dir bald wieder Nachricht [von der Entscheidung] und

Deinem Sigmund

Wien, Samstag, 20. Juni 1885, abends

Prinzeßchen, mein Prinzeßchen

O wie schön wird das sein! Ich komme mit Geld und bleibe recht lange und bringe was Schönes für Dich mit und gehe dann nach Paris und werde ein großer Gelehrter und komme dann mit einem großen, großen Nimbus nach Wien zurück, und dann heiraten wir bald, und ich kuriere alle unheilbaren Nervenkranken, und Du erhältst mich gesund, und ich küsse Dich bis Du stark und heiter und glücklich bist – und wenn sie nicht gestorben sind, so leben sie heute noch.

Ich wollte Dir telegraphieren, daß ich das Reisestipendium mit dreizehn gegen acht Stimmen bekommen habe, aber dann hättest Du zwei Tage nachher ohne genauere Nachricht bleiben müssen, und so freut Dich die Karte vielleicht mehr. Deine Ahnung mit den fünfzehnhundert Mark = sechshundertacht Gulden hat sich bewährt[21]. Ich erwarte mir sehr viel Gutes von dem Zufall. Es zeigt doch auch, daß ich nicht ungern im Professorenkolleg gesehen bin. Ich bin ganz unsäglich froh. Der Juni ist doch ein braver Monat. In derselben Sitzung bin ich auch als Dozent approbiert worden mit neunzehn gegen drei Stimmen. Bei der ersten Abstimmung hatte ich neunzehn gegen eine. Es sind also nur zwei Unholde dazugekommen. Mein Probevortrag ist heute in acht Tagen, am Siebenundzwanzigsten, über ein Thema aus der Gehirnanatomie, das mir sehr ansteht.

Ich grüße Dich herzlich und kann mich gar nicht darein finden, daß ich auch Glück habe. Aber ist mir nicht am 17. Juni vor drei Jahren das größte Glück zugefallen!

Mit 100 000 Küssen, die alle eingebracht werden sollen

Dein Sigmund

Wien, Freitag, 26. Juni 1885

Mein süßer Schatz

Nichts Neues als Dein lieber Brief. Ich brüte über meinen Probevortrag in der furchtbarsten Hitze. Es hat gewisse Schwierigkeiten, denn man will doch was Gescheites sagen, und das fällt einem schwer ein, ferner will man sich nicht gerne umsonst plagen und sich für Dinge verbrauchen, die man nicht vorbringen kann. Man hat ungefähr zwanzig Minuten zu sprechen, wenn ich nur genau wüßte, wieviel ich in der Zeit zusammenreden kann, so muß ich fürchten, daß meine Vorbereitung zu Ende geht vor meiner Zeit, und daß hinter der spanischen Wand meiner Einleitung – nichts zum Vorschein kommt. Ich habe zum Glück schon das Ganze in Gedanken konzipiert, und will es dann abends zu Papier bringen.

Dolfis Geburtstag ist am 23. Juli, drei Tage vor dem Deinen.

Ich wollte, ich könnte Dir die schönen Rosen bringen, süßer Schatz, die ich oft in meinem Zimmer finde. Ich habe darin nicht mehr Begünstigung als die meisten Kranken. Entschädigung, wenn ich in Wandsbek bin. Ich wollte, ich bekäme noch irgendwoher Geld, die zwei Monate müssen noch etwas bringen, damit wir anstatt zu sparen, so leben können wie voriges Jahr. Das Glück tut jedermann wohl, besonders nach so langem Unglück. Ich will Dir was verraten, ich halte es kaum noch zwei Monate aus; als es noch sechs Monate und keine sichere Aussicht auf unser Wiedersehen war, ging es besser. Du weißt, wenn man nach Amerika fährt, so geht es bis Stockerau schnell, von da an zieht sich der Weg. Auch bei der Rückreise scheint es ähnlich zu sein, das letzte Stückchen von Stockerau ab geht es so langsam. Ich will gar nicht darein verfallen nur alles aufzuschieben, mit der Motivierung: darüber sprechen wir uns aus, wenn wir beisammen sind. Denk, wie es vor zwei Monaten war, da hatte ich die Blattern und weiter gar nichts. Jetzt ist so vieles anders geworden. Ich halte auch den Döblinger Aufenthalt für eine glückliche Episode, Breuer hat mich aufmerksam gemacht, daß ich dem vielleicht das Stipendium danke, da er mir die Namen von N. N. und seinen Freunden eingebracht hat.

Man wird mich bald zum Nachtmahl rufen – ich schreibe so im Geplauder weiter. Ich möchte doch lieber das Zimmer in Eurem Haus haben, dann steh ich früh auf und schreck Dich jeden Morgen mit vielen Küssen aus dem Schlaf. Man kann sich doch nur ordentlich liebhaben, wenn man nahe ist. Was ist eine Erinnerung gegen was vor den Sinnen Stehendes! –

Neugierig bin ich, wer morgen zur Vorlesung kommt. Ich habe niemanden eingeladen. Seltsam, daß ich gerade im Hörsaal von Brücke stehen soll, wo ich meine ersten Arbeiten mit einer Begeisterung ohnegleichen gemacht, und wo ich als Assistent wenigstens neben dem Alten zu stehen hoffte. Soll es ein Omen sein, daß ich doch noch für die wissenschaftliche Arbeit und Lehre werde zurückkommen dürfen? Glaubst Du an Omina? Seitdem ich erlebt habe, daß mich der erste Anblick eines kleinen Mädchens, das am bekannten langen Tisch saß, so fein plauderte und mit kleinen Fingern Äpfel schälte, so nachhaltig außer Fassung gebracht, bin ich eigentlich sehr abergläubisch. Erinnerst Du Dich noch, Du ahnungsloser Wurm?

Wenn die Kraft, die ich in mir spüre, mir treu bleibt, lassen wir noch Spuren von unserer komplizierten Existenz zurück. Aber ich bin gar nicht ehrgeizig, wiewohl gar nicht unempfindlich gegen Ehre. Ich möchte Dich ganz haben und etwas Freiheit, etwas Besitz, ein brauchbares Nervensystem behalten und von meinem übrigen Körper Ruhe haben.

Ab und zu habe ich etwas von dem ›tollen‹ Hoffmann[22] gelesen, toll phantastisches Zeug, hie und da ein hübscher Gedanke. So legt einmal eine Fee der Braut einen Halsschmuck an, der die Kraft besitzt, daß sie nie über einen Fettfleck im Kleid oder eine verdorbene Suppe ärgerlich wird. Ist das nicht lustig?

So, jetzt kann ich schreiben, daß auch das Kolloquium vorüber ist. Endlich! Es war ganz gut, nur am Schluß passierte mir was Komisches. Ich wurde früher fertig, ehe der Dekan sein »Sufficit« (Genug) gerufen hatte, verbeugte mich und ging ab, was gegen die Ordnung ist, da man fortsprechen soll, bis man durch »Sufficit« unterbrochen wird. Brücke, Meynert und Fleischl waren zugegen. Die Freunde kamen alle erst gegen Ende, da der Dekan mich mit dem andern die Reihe tauschen ließ. Von jetzt ab werde ich eigentlich erst als Dozent betrachtet.

Ich mußte nachher mit Fleischl zu Tische speisen, und kam erst gegen vier Uhr zurück. Hier bleibe ich noch zwei Tage, bin Dienstag im Spital. Mein Interesse ist natürlich auf die Sankt-Gilgener Affäre[23] konzentriert. Ich ahne, daß ich gehen werde, ohne die Gelegenheit zur Arbeit zu haben, und darum wäre es mir eigentlich lieber, es ginge nicht zusammen. Andererseits sehe ich klar, daß ich ihm was nützen könnte. Einige Tage ruht jetzt die ganze Geschichte, denn über Sonntag und Montag ist Breuer in Berchtesgaden bei seiner Frau. Ich aber bin noch zwei Monate weit von meinem Liebchen, das herzlich gegrüßt ist von ihrem

privatdozierenden

Sigmund

Es war furchtbar heiß, und ich bin ernsthaft müde.

Wien, Sonntag, 5. Juli 1885

Mein süßer Schatz

Schau, ich versteh Dich gar nicht. So absolut gutmütig sein, daß man jedem alles hingehen läßt und unfähig wird, einem etwas übelzunehmen, ist wirklich keine Tugend mehr. Ich bin nicht prüde und achte Dich nur mehr, daß Du es auch nicht bist; aber wie Du nach allem, was mit Elise[24] geschehen ist und dem letzten noch dazu daran denken konntest, ihr die Ehre Deines Besuches zu geben, geht mir nicht ein. Ich will *mir* die Predigt ersparen, die *Du* Dir aus dem Anlaß selbst halten kannst, aber wirklich, das erinnert mich lebhaft an unsere schlechten Zeiten, für die ich die Bedingungen untergegangen geglaubt habe. Zu einem Urteil muß sich der Mensch aufschwingen können, sonst bleibt er, was man bei uns »einen guten Potschen« heißt, auf echt wienerisch. Das ist genau der Zustand, der mich fast bewogen hätte, Dich Herrn Fritz Wahle zu überlassen, als er ältere Ansprüche auf Dich erhob, die Du abzuweisen nicht ein Wort und nicht eine Miene gefunden hast. Pfui, ich mag gar nicht daran denken, wie das war und wie das geworden wäre, und Du solltest nichts tun, mich daran zu erinnern. Was soll das Bewußtsein, daß Du jetzt so abgeschlossen bist, daß Dir der Verkehr nicht schaden könnte? Ein Mädchen steigt nicht absichtlich zu so charakterlosem Leichtsinn herab wie die Freundin immer ahnen ließ und endlich erschöpfend gezeigt hat. Ich kümmere mich gar nicht um die Anständigkeit, die Elise nicht kümmert, nur um die absolute Schwäche und Haltlosigkeit. Laß sie nur immerhin das arme Mädchen sein, das einen Mann sucht, wo sie ihn kriegt und sei für sie froh, daß sie ihn gefunden hat. Aber stelle Dich doch nicht ihr gleich durch einen fortgesetzten freundschaftlichen Verkehr. Sag nicht, daß ich zu hart bin, Du bist viel zu weich, und ich muß das korrigieren, denn was einer von uns tut, wird immer auch dem anderen angerechnet werden. Du hast mir einen schlechten Tag gemacht, Marthchen; schreib nur gleich, daß es Dir ein bißchen leid tut. Ich weiß, das kommt bei Dir alles aus dem Mitleid, aber ein Mensch muß außer dem Mitleid für andere auch Rücksicht für sich haben. Ich konnte Dir das gar nicht ohne Vorwurf hingehen lassen und glaube nicht, daß es mir leid tun wird. Geh, mein armer, süßer Schatz, geht's Dir so schlecht im Hause, daß Du unter solchen Bedingungen fortreisen willst? Laß mich doch wissen, was es gibt. Was hat Dich denn mir entfremdet? Bin ich noch immer nicht Dein Vertrauter, kannst Du Dein Vertrauen von Deiner Liebe trennen? Warte nur, wenn ich komme, wirst Du Dich wieder gewöhnen, einen Herrn zu haben. Einen strengen zwar, aber Du kannst keinen haben, der Dich mehr liebhätte und inniger um Dich besorgt wäre. Das weißt Du ja auch, und wie ich die elende Zeit bis zum September verwünsche, bis ich mir einen Kuß holen kann von meinem süßen, guten Prinzeßchen, das so gar nicht bös sein kann, worüber ich bös werden muß.

Dein Sigmund

Wien, Montag, 6. Juli 1885, nachts

Mein süßer Schatz

Von dem Orte habe ich Dir noch nie geschrieben. Ich sitze an Fleischls Tisch während er im Nebenzimmer schläft und weiß nicht, wie lange ich Dir werde schreiben können. Ich schreibe Dir, weil mich die bösen Worte von heute nachmittag entsetzlich schmerzen, die ich Dir gesagt. Wie Du's aufnimmst, weiß ich nicht, und darum füge ich jetzt was hinzu. Es tut mir so schrecklich leid, wenn ich Dir gesagt habe, was nicht eine Liebkosung ist und besonders aus der Ferne. Ist man beisammen, so folgt auf ein ernstes oder hartes Wort gleich die zärtliche Versöhnung, und der kleine Sturm hat nur die Festigkeit des Gebäudes erwiesen. Ist man so fern, so hat jedes Wort Zeit, sich ins Gedächtnis einzuätzen, und keine freundliche Hand kann darüber fahren, es zu verwischen. Ich weiß mir nicht zu helfen. Ich konnte gar nicht, was Du tun willst, ohne ernste Zurückweisung hinnehmen und doch – ich merke, auf welchem Weg man durch Liebe sein Liebstes verdrießen kann –, ich bin jetzt, nachher, lieber geneigt alles geschehen zu lassen, ehe ich Dir eine Träne entlockt haben wollte.

Du wirst es nicht schwernehmen, hoffe ich. Wie gut Du bist und wie lieb und wie voll Erbarmen und [in] herzlicher Auslegung wirst Du den Einfluß, den ich auf Dich üben will, nicht als das Ergebnis einer lieblosen und ungerechten Gemütsart ansehen. Weißt Du, wie ich einmal, nachdem wir im Zorn auseinander gegangen, bald wieder zu Dir gekommen und Du gesagt, Du würdest mir das nicht vergessen, so schäme ich mich jetzt nicht, wieder zu kommen und Dich wieder um einen freundlichen Blick, ein gutes Wort zu bitten. Du bist mein teures Weibchen und wenn Du was verfehlst, bist Du's nicht minder und darfst von mir was hören, auch mir was sagen, wenn Du Lust hast. Einmal hast Du mir ein großes Unrecht und einen großen Schmerz bereitet, und ich glaube, [Du hast] wirklich oft davon hören müssen und wirst mir glauben, daß es mir damals tiefer gegangen ist als irgendwas in meinem Leben. Aber wenn Du meine Schuldnerin bist, so bin ich stolz darauf, und wäre meine Liebe nicht so stark, so wäre ich [in] meinen Klagen minder heftig gewesen und für eine Erinnerung daran jetzt nicht so empfindlich.

Hast Du mir jetzt wieder was verschwiegen, so verspreche ich Dir, ich will kein Wort darüber sagen, nur hol's bald nach und tu es nicht mehr, mein geliebtes Mädchen. Es ist ja so überflüssig, mich fühlen zu lassen, daß ich nicht alles, was Dich betrifft, zu wissen brauche, und Du weißt, das verlange ich von Dir und halte es selbst. Du hast mir's auch so oft versprochen, und ich bin immer so glücklich gewesen, wenn ich mit voller Beruhigung an Dich denken kann. Jetzt werden wir uns bald wiedersehen und eine glückliche Zeit miteinander verleben, und dann gehe ich allem Anschein nach einer raschen Beförderung entgegen und hole Dich zur bestimmten Zeit, und wir leben dann in so ungetrübtem Glück und so reiner Innigkeit, und Du sollst für die Zeit, die bald kommen wird, mir etwas Kredit geben und wirst Dich nicht getäuscht finden. Das weißt Du ja alles, süßes Kind, und freust Dich gewiß, daß wir unserem Ziel so viel näher sind, und wenn Du in einer Stunde der Sehnsucht so schreibst –

wie letzthin zu unserem Verlobungstag – werde ich vor Jubel stumm und freue mich, Dich zu besitzen, kann es aber nicht sagen.

Was machst Du also, teure Martha, mein heißgeliebtes Bräutchen, warum willst Du von zu Hause fort, was kann ich tun, Dir eine Reise zu ermöglichen? Geld haben wir ja jetzt genug. Schütt mir Dein Herz wieder einmal aus. Bin ich zu unachtsam für Deine leise angedeuteten Wünsche geworden, wenn ich Dir so Tag für Tag von dem Günstigen und Ungünstigen berichte, was mich auf dem Wege zu Dir betrifft. Verlange nur, sag nur, laß mich nicht zu sehr empfinden, wie weit ich von Dir weg bin. Bleib mir so frisch und heiter, wie ich Dich nur denken kann, das bißchen Zeit wird auch noch zu überstehen sein, und dann schreibe ich Dir nie mehr, nichts Gutes und nichts Böses, denn ich gehe nie mehr von Dir, bis ich merke, daß ich Dir etwas zu viel geworden bin, dann gehe ich fort und warte, ob Du mich zurückrufst?

Dein treuer Sigmund

Meidling, 23. Juli, Viertel ein Uhr

Mein kleines Prinzeßchen

Deine Karte heute früh empfangen, tut mir sehr leid, Dein Hamburgerisch nicht verstanden zu haben. Deine fünf Mark sind ja sehr lieb, Mädchen, warum ahnen wir denn schon die schlechten Zeiten? Schick mir doch einen Kassabericht ein. Daß Du es weißt, Koffer und Reisetasche habe ich schon, Moritz [25] hat beide hier gelassen.

Nun zur Erklärung der Situation. Wir essen hier zu Mittag auf unserer großen Semmeringpartie, natürlich Dolfi und ich. Um halb zwei Uhr fahren wir nach Payerbach, gehen dann ein Stück, übernachten irgendwo und fahren morgen früh zurück. Die Kleine wird Augen machen.

Am Semmering, zehn Uhr abends

Alles ist sehr schön gegangen, das herrlichste Wetter, beste Butter, Honig und Viertel gespritzt, alles präsentiert sich im schönsten Glanz. Es war mir endlich selbst ein Vergnügen, nachdem ich anfangs nur denken konnte, ohne Dich ist jedes Vergnügen eine Qual. Wir haben den Weg von Klamm in die Adlitzgräben, dann nach Semmering gemacht. In den Adlitzgräben fanden wir ein reizend gelegenes Gasthaus mit einer lieben, winzigen Kellnerin, und Dolfis praktischer Verstand schlug vor, dort über Nacht zu bleiben. Ich wollte bis zum ›Erzherzog Johann‹ an der steirischen Grenze gehen.

Jetzt kommen die Abenteuer. Wir kommen dort an, ich frage trotz Aufforderung nicht, ob man uns über Nacht behalten will. Wir machen noch einen Spaziergang, kommen spät zurück – und man behält uns nicht. Jetzt im finsteren Mondenschein über den Berg zum Hotel, dann zum Touristenhaus, zur Meierei, nirgends ein Platz, wir wollen den Weg zum Gasthaus erfahren, aber man glaubt uns nicht, daß wir ihn im Finstern finden werden. Endlich erklärt sich der Wirt bereit, uns in einem kleinen Speisesalon ein Lager zuzurichten, und wir nehmen mit Gemütsruhe hier ein Nachtmahl ein. Dolfi hält sich prächtig, sie marschiert wie ein alter Soldat, fürchtet sich nicht vor ›finstern Wäldern‹, ist immer heiter und glücklich und macht mir gar keinen Vorwurf, obwohl ich berechtigten Anspruch darauf habe, ich habe alle Wasserkünste meines Leichtsinns spielen lassen, nicht einmal Geld genug mitgenommen, und sie muß mir aushelfen! Ich weiß, Du würdest in dem Fall schelten, aber Dich könnte ich in dem Fall küssen, und dann hätt' ich's ja sehr verdient. Ich hab das wirklich zu dumm angestellt, unterhalte mich aber sehr gut dabei. Ach, wenn ich Dich nur hier hätte, mein süßes Prinzeßchen!! Ich muß mich wirklich die vierzig Tage noch zusammennehmen und im gedankenlosen Lebensgenuß sehr einschränken. Ich versteh ja auch sehr wohl, warum Du nicht magst, daß ich die Tage zähle. Der armen Kleinen wollte ich einen schönen Geburtstag machen, und das ist gelungen. Aber von jetzt an, bis ich Dich sehe, mache ich nur ernste, harte und sparsame Tage, um das Glück ordentlich zu verdienen.

Ich habe den mitgenommenen Bogen zerrissen und ihr die Hälfte gegeben, schreibe Dir auf einem Brocken Papier, den ich zufällig bei mir finde. Morgen schon am Vormittag zurück, Deinen Geburtstag will ich in einsamer Betrachtung verbringen.

Gute Nacht, mein Weibchen.

Dein Sigmund

Mein herziges Weibchen

Ich komme jetzt von Baden zurück. Du hast ihn [Schönberg] vor kurzem gesehen, also will ich ihn Dir nicht beschreiben, wie er jetzt ist, ohne Blut und Fleisch, ohne Stimme und Atem. Die eine Lungenhälfte ist ganz ruiniert, und die andere wohl überall von Krankheitsprodukten durchsetzt. Ich halte ihn für einen verlorenen Mann, wie schnell oder wie langsam der arme Rest sich ausbrennt, weiß ich nicht, in Wien wahrscheinlich in drei Monaten, was sich durch besseres Klima, Pflege und Ruhe erzielen läßt, wollen wir sehen.

Für uns ist er jedenfalls verloren. Die arme Seele ist müde, die Begeisterung für ein Ziel, die Leidenschaft, der Glorienschein, mit dem man die Geliebte der eigenen Wahl umgeben, wären Leistungen der Gesundheit. Wenn der Atem kurz wird, verengt sich das Interesse, verzichtet das Herz auf alle Wünsche, es bleibt ein müder, resignierter Philosoph, der sich wieder in die einst verschmähte Familie gefunden hat, unfähig, ihr was übelzunehmen, dankbar für jede Aufmerksamkeit, die sie für ihn hat und vor allem der Ruhe bedürftig, der Ruhe. Was hätten wir sonst zu erzählen gehabt, wenn nur einer von uns unsere Mädchen gesehen? Ich begann davon zu sprechen, er sagte: Du bist doch einverstanden, daß ich das Verhältnis gelöst habe. Ich begann ihm zu wiederholen, was ich Minna geschrieben hatte, daß der Verzicht ja nichts bedeute, da ihre Empfindungen dieselben seien und sie sonst von Verhältnissen abhingen, über die sie keine Macht hätten; aber er sagte »nein«, und mir war plötzlich klar, daß ich unrecht hatte, daß seine Liebe früher gestorben war als er. Was ihn dazu gebracht hatte, auf alles zu verzichten, das er so lange festgehalten – Arbeit und Stellung, Unabhängigkeit vom Bruder und Eigenwille – weiß ich nicht. Ob das das Ende langen schweren Ringens oder ein Symptom der einschlafenden Psyche ist? Die Worte waren ihm karg, er sagte mir wenig Wichtigeres, als daß er meinen Zorn über seine Verwandten abwehrte.

Ich komme morgen oder Dienstag mit Dr. Müller zu ihm hinaus. Ich habe nämlich erklärt, daß ich gar nichts anderes bin als sein Freund, habe auch sonst dem Geza [26] einige herbe Wahrheiten gesagt, aber der Kerl ist zu hochmütig dumm. Übrigens scheinen sie jetzt einzusehen, daß man ihn pflegen muß und erklären sich wieder zu allem bereit, die Schafsköpfe.

Ein Wort entschlüpfte Schönberg, das mir sehr wehe tat. Er sprach davon, wie wohl ihm Martha getan und daß sie gut aussehe, aber »ihre blauen Ringe um die Augen« – Warum hat mein Weibchen blaue Ringe um die Augen? Von da ab war ich um meine Stimmung gekommen, der ganze Eigennutz des Menschen zeigte sich darin, daß mich Deine blauen Ringe viel mehr erschütterten als des Armen trauriger Zustand.

Wenn ich komme, küsse ich Dich rot und dick, und warte nur, ich lasse mich am 1. Oktober nicht wegschicken.

Dein Sigmund

Wien, Mittwoch, 12. August 1885

Mein wanderndes Prinzeßchen

Sieh da, Lübeck! Soll man sich das gefallen lassen? Zwei einschichtige Mädchen in Norddeutschland reisen! Das ist ja Auflehnung gegen die männliche Prärogative, der Beginn der Erkenntnis, daß man ohne Mann nicht allein zu sein braucht. Ist Euch kein Abenteuer zugestoßen? Ich hätte eine rechte Freude daran gehabt. So bleibt mir nichts übrig, als mich zu freuen, daß Du Dich in Lübeck so wohl befunden hast, was ich hiemit tue.

Du wirst seit gestern abends keine besonderen Veränderungen in meinen Zuständen erwarten, doch kann ich Dir als neu berichten, daß ich eine Vorladung zum Polizeikommissariat für morgen habe, aber erschrick nicht, es handelt sich offenbar um meine Dozentur. Der Staat will wissen, ob ich nicht irgendeine Schlechtigkeit einzugestehen habe, die mich des edlen Titels unwürdig macht. Ich werde aber gar nichts verraten.

Ferner liegt vor mir ›Middlemarch‹ von der Eliot in vier Bänden, und meine Schnupftücher gehen zu Ende, mein Schnupfen aber nicht. Und jetzt will ich Mittagessen gehen, und wenn ich wiederkomme, Dir von der Geldmisere schreiben.

Ich muß Dir davon schreiben, weil zu meinem eigenen tiefgefühlten Bedauern dabei die Tatsache herauskommen wird, daß ich Dir nichts mitbringen kann, worauf ich mich so sehr gefreut habe, gewiß mehr als Du. Hör mal an. Ich lasse mir dreihundert Gulden von Paneth schicken und gedenke von Breuer die neunzig auszuleihen, die meine Schuld zu fünfzehnhundert vervollständigen. Nun verteilt sich das so: hundert Gulden bekommt Tischer, die erste Rate auf lange Zeit und einzige, zweihundert Gulden für den September in Wandsbek, Reise eingeschlossen, ist eher zuwenig als zuviel, wir haben voriges Jahr mehr gebraucht und doch in den letzten Tagen gespart. Es bleiben ja nur hundertsiebzig Gulden für den Aufenthalt. Nun sind die neunzig Gulden zu verteilen, davon der Buchhändler fünfundsiebzig Gulden, der Schuster sieben Gulden, der französische Lehrer fünf Gulden (ich habe beschlossen, nicht mehr als

fünf Stunden noch zu nehmen), Koffer, Kiste, Einpacker, habe ich das mit
dreißig Gulden zu teuer angesetzt? (Ein Hut, doch nein, das hat in Hamburg Zeit); meine Bedienerin fünf bis acht Gulden, kurz, ich sehe, wenn
mir zwanzig Gulden davon übrigbleiben, wovon ich auch was zu Hause
lassen muß, habe ich sehr viel Glück. Bleiben mir dreißig Gulden, so daß
die Reise davon bestritten wird, so bringe ich zweihundert Gulden voll
nach Wandsbek, und das möchte ich eigentlich. Denk, daß wir bis zum
1. Oktober gar nichts mehr bekommen. Also bleibt nichts für Dich, mein
Schatz, mir fehlen die vierzig Gulden, die durch das Ausreißen des letzten Patienten in Verlust geraten sind. Daß ich Dir nichts mitbringen
kann, sehe ich seit damals voraus, und es trägt nicht dazu bei, mich heiter
zu stimmen, denn die Freude hätte ich mir gern gegönnt. Darf ich konsta-
tieren, daß wenn ich am Dreißigsten fahre noch achtzehn Tage zu überstehen sind? Lange und schwere Zeit, und eine, die mich kaum wohler
machen wird.
In Wandsbek wollen wir ja Französisch lernen, wirst Du einen ordentlichen und gar nicht teuren Lehrer finden? Das Leben hat doch so viele
kleine Sorgen.
Er grüßt Dich herzlich   Dein Sigmund

                                              Paris, 19. Oktober 1885
Mein geliebter Schatz
Heute hätte mein Faulleben zu Ende sein können. Ich war in der Salpêtrière, die gut so groß ist und so viel Höfe hat wie unser Krankenhaus, um
mich dem Assistenten vorzustellen und zu fragen, wann Charcot[27]
kommt. Der Assistent war aber nicht da, ist überhaupt schon durch einen
neuen ersetzt, und Charcot war in den Krankensälen. Ich hätte hinein-
gehen können, hatte aber meine Einführung zu Hause gelassen, und so
muß ich morgen den Schritt tun, von dem wieder vieles abhängt. Um
halb zehn Uhr ist Consultation externe, daß heißt Ordination für ambu-
lante Kranke. Vielleicht habe ich also morgen schon meinen Tag mit Arbeit besetzt. An der Ecole de Médecine beginnen die Vorlesungen erst am
5. November, wenn es mir bei Charcot gefällt, werde ich aber dort kaum
was zu tun haben. Im ersten Stock der Ecole de Médecine befindet sich die
ärztliche Bibliothek, in welcher viele Zeitschriften, auch deutsche und
englische aufliegen, und in der ich wohl auch viele Stunden verbringen
werde.
Eines der Charcotschen Bücher, das ich auf deutsch schon besitze, habe

ich mir für vier Francs französisch gekauft, um bei der Übersetzung aus dem Deutschen ins Französische zu profitieren. Meine Faulheit brennt mich schon entsetzlich, ich habe die letzten Tage vor lauter Selbstvorwürfen keine ruhige Stunde gehabt. Meine Erwartungen auf irgendeinen anderen Profit als den subjektiven und wissenschaftlichen sind so niedrig gestellt, daß ich darin keine Enttäuschung erfahren kann.

Was ich gestern gemacht habe, weiß ich kaum mehr. Ich hatte Migräne vom Theaterabend am Siebzehnten. Du mußt wissen, sie spielen von acht bis zwölf Uhr nachts! in einer kaum zu übertreffenden Hitze. Ich war mit John[28], der niedrigste (das heißt höchste) Platz ist um ein Franc, wir waren um ein Franc fünfzig, quatrième loge de côté, wirklich schändliche Taubenlöcherlogen, seitlich auf der letzten Galerie, wo man zwar das Bewußtsein hat, allein zu sein, aber nicht viel mehr. Denk nur an unseren Hamburger Theaterabend. Es fiel mir auf, daß gar keine Damentoiletten ausgestellt waren, die bleiben wohl für die Oper aufgespart. Es gibt keine Musik, kein Orchester, das Zeichen für den Beginn des Stückes sind drei Schläge mit einem Hammer hinter dem Vorhang. Man gab ›Le Mariage forcé‹, ›Tartuffe‹ und ›Les Précieuses ridicules‹, alles von Molière, und obwohl ich die Weiber gar nicht verstanden habe, die Männer nur zur Hälfte, hatte ich doch großes Vergnügen am glänzenden Spiel. ›Tartuffe‹ kannte ich ja, und am letzten Stück war weniger der Dialog als das komische Spiel der beiden Coquelin[29] bemerkenswert. Beim ›Tartuffe‹ wurde nach jeder längeren Rede des Dialogs geklatscht. Meine Migräne hat mich ein wenig abgeschreckt, das Theatergehen oft zu wiederholen, ich wollte es als französischen Unterricht benützen, sonst redet ja niemand mit mir, und mir geht es, glaub ich, alle Tage schlechter mit diesen elenden Lauten. Ich glaub mich nicht zu täuschen, wenn ich jetzt schon sage, daß ich es nie zu einem erträglichen ›Accent‹ bringen werde, aber wenigstens korrekte Worte bilden, muß zu erreichen sein.

Der Weg, dessen Beschreibung ich Dir schuldig geblieben bin, führte mich vor drei Tagen am Quai d'Orsay, wo die Ministerien sind, und am Invalidendom vorbei über die Seine in die Avenue des Champs-Elysées, die feinste Gegend von Paris, wie John sagen würde, in der nicht ein Laden ist, und lauter Equipagen fahren. Die nobeln Damen gehen dort mit einer Miene spazieren, als wollten sie die Existenz der Welt außer sich und ihren Männern leugnen oder doch gütigst übersehen, und die eine Seite der Avenue wird von einem langgestreckten Park gebildet, in dem die niedlichsten Kinder Kreisel peitschen, Ringelspiel fahren, einem Hanswurst zuschauen, oder selbst Wagen, die von Ziegenböcken gezogen werden, kutschieren. Auf den Bänken sitzen Ammen, die ihre Kinder tränken, und Kindsmädchen, zu denen sich die Kinder bei entstandenen Differenzen schreiend flüchten. Ich mußte an die arme Mitzi[30] denken und wurde sehr, sehr wütend und voller revolutionärer Gedanken. Das geht so fort bis zur Place de la Concorde, inmitten deren ein wirklicher Obelisk aus Luxor steht. Denke Dir, ein echter Obelisk, mit den schönsten Vogelköpfen und sitzenden Männlein und anderen Hieroglyphen bekritzelt, seine guten dreitausend Jahre älter als das lumpige Volk um ihn herum, zum Ruhm eines Königs erbaut, dessen Namen jetzt nur wenige lesen können, und der vielleicht vergessen wäre, wenn ihn nicht dieser Stein bewahrt hätte. An die Place de la Concorde schließt sich der Tuileriengarten, den Du Dir ähnlich wie unseren Wiener Platz zwischen beiden Burgtoren vorstellen kannst (mit Volksgarten und den beiden Museen), und dann der Louvre. Ja richtig, gestern war ich im Musée du Louvre, wenigstens in der antiken Abteilung, die eine Unzahl von griechischen und römischen Statuen, Grabsteinen, Inschriften und Trümmern enthält. Einzelne wunderschöne Sachen, alte Götter Xmal vertreten, auch die berühmte Venus von Milo ohne Arme habe ich gesehen und ihr das landesübliche Kompliment gemacht. Ich habe mich erinnert, daß der alte Mendelssohn (der Vater in der ›Familie M.‹[31]) aus Paris von ihr als von einer neuen Aufstellung berichtet, ohne dabei begeistert zu tun. Ich glaube, die Schönheit der Statue ist erst später entdeckt worden, und es ist viel Übereinkommen dabei. Für mich haben die Dinge mehr historischen als ästhetischen Wert. Am meisten angezogen haben mich die vielen Kaiserbüsten, einige von ausgezeichneter Charakteristik. Die meisten Kaiser sind vielfach vertreten und sehen sich gar nicht ähnlich. Es wird viel Fabriksarbeit und viel Manier dabei sein. Ich hatte gerade noch Zeit, den flüchtigsten Blick in die assyrischen und ägyptischen Zimmer zu tun, die ich noch einige Male besuchen muß. Da waren assyrische Könige – so groß wie die Bäume, die Löwen wie Schoßhunde im Arm halten, geflügelte Mannstiere mit schön frisierten Haaren, Keilinschriften so nett, als wären sie gestern gearbeitet, in Ägypten bemalte Basreliefs in brennenden Farben, ganze Königskolosse, wirkliche Sphinxe, eine Welt wie im Traum.

Heute habe ich denselben Bogenweg wie vor drei Tagen, aber in der entgegengesetzten Richtung der Seine gemacht, wo Dein Plan von vorgestern nicht ausgeführt ist. Ich kam mitten in das tollste Pariser Getöse hinein, bis ich mich zu den bekannten Boulevards und der Rue de Richelieu durcharbeitete. Auf der Place de la République sah ich eine riesige Statue der Republik mit Darstellungen aus den Jahren 1789, 1792, 1830, 1848 und 1870. Eine so unterbrochene Existenz hat die Arme gehabt. Ge-

stern waren die Nachwahlen in Frankreich (und Paris), für die sich alle
Republikaner verbündet hatten, denn bei den ersten Wahlen sind wegen
der Spaltung zwischen Opportunisten und Radikalen fast lauter Mon-
archisten gewählt worden. Das Geschrei der Zeitungsverkäufer war
heute betäubend, manche Zeitungen erschienen in vierter und fünfter
Ausgabe und ich [habe selbst] zwei solche gekauft. Die Nachwahlen sind
jetzt natürlich republikanisch.
Sind Dir meine Briefe aus Paris recht? Es kommt vor lauter Mitteilungen
und Beschreibungen gar nicht mehr zu einem herzlichen Wort.
Jetzt sind es acht Tage, daß ich Dich nicht gesehen habe, und ich glaube
noch immer jeden Tag, ich bekäme Dich heute zu Gesichte. Ich kann mir
wieder gar nicht vorstellen, wie Du aussiehst! Ob ich nicht besser nach
Berlin gegangen wäre? Jeden Samstag abends wäre ich abgereist und
Sonntag bei Dir geblieben. Der große Gewinn der Wandsbeker Zeit, die
körperliche Frische und geistige Beruhigung ist noch da, aber ich kann
mich gar nicht freuen; ich bin zu verliebt und zu schwerfällig dazu.
Von kleinen Nachrichten die, daß der Kaffee hier überall köstlich ist, und
daß die Kinder ebensolche Hemdblusen tragen, wie Eure aus San Fran-
cisco. Denke Dir, für drei Toilettenartikel (etwas Puder, etwas Teer und
das Mundwasser), habe ich hier drei Francs fünfzig bezahlt! Da soll man
sparen können.
Du schreibst nichts vom Zahngeschäft? Schreib mir doch alles. Dein letzter Brief war gar nicht unterzeichnet, er war aber doch von Dir, denn wer
kann mir sonst so zärtlich schreiben?

Dein getreuer Sigmund

Paris, 21. Oktober 1885

Mein geliebter Schatz
Deine Briefe wissen mich schon zu finden, es bedarf keiner genauen
Adresse...
Du wirst heute die Beimengung von Melancholie in meinem Brief ver-
missen, an die ich Dich vielleicht von Paris aus schon gewöhnt habe. Das
macht, ich war gestern und heute in der Salpêtrière und habe alles über
Erwartung gefunden. Ich bin schon in Arbeit und voll guter Hoffnungen.
Ich habe einen Schlüssel zu einem Kasten im Laboratorium und ein Tab-
lier (Schürze) für drei Francs Einlage von der Spitalsverwaltung erhalten.
Auf der Quittung bin ich als »M. Freud, élève de médecine« bezeichnet.
Laß Dir im einzelnen erzählen. Gestern früh kam ich in die Salpêtrière,

wo gerade Consultation externe, das heißt Ambulanz war. In einem Zimmer saßen die Kranken, im anderen, kleinen, einige Ärzte als Gäste, die Internes (Sekundarärzte) und der Chef de Clinique (Assistent) M. Marie[32], und der letztere ordinierte den einzeln vorgelassenen Kranken. Um zehn Uhr kam M. Charcot herein, ein großer Mann von achtundfünfzig Jahren, Zylinder auf dem Kopfe, mit dunkeln, eigentümlich weichen Augen (das heißt einem, das [andere] ist ausdruckslos und schielt nach innen), langen, hinter die Ohren gesteckten Haarresten, im Gesicht rasiert, sehr ausdrucksvollen Zügen, vollen, abstehenden Lippen, kurz wie ein Weltgeistlicher, von dem man sich viel Witz und Verständnis für gutes Leben erwartet. Er nahm Platz und begann, die Kranken zu examinieren. Er imponierte mir dabei sehr, glänzende Diagnose und offenbar ganz lebhaftes Interesse an allem, nicht wie wir von unseren großen Herren gewohnt sind, eine Art von vornehmer Oberflächlichkeit. Ich warf meine Karte dem Assistenten hin, der sie ihm überreichte. Er spielte viel damit und fragte nach der Ambulanz, wo ich wäre. Ich trat vor und gab meine Empfehlung ab. Er erkannte Benedikt[33] an der Schrift, las abseits, forderte mich dann auf, mit ihm zu gehen, sagte »charmé de vous voir«; wegen der Arbeit solle ich mich mit dem Assistenten ins Einvernehmen setzen, und ohne weitere Umstände war ich aufgenommen. Ich ging mit ihm, er zeigte mir alles im Laboratorium, Vorlesungssaal, ging dann durch einige Krankenzimmer und erklärte mir sehr viel. Kurz, obwohl weniger Höflichkeiten vorfielen, als ich erwartet hatte, war mir bald sehr behaglich, und ich merkte, daß ich in der unauffälligsten Weise sehr viel Rücksicht bei ihm finde. Ich bat mir die Erlaubnis aus, ihm einige Präparate zu zeigen, was ich heute kurz getan habe.

Heute war der Tag für die Augenuntersuchung. Es ist ein eigener Augenarzt an der Klinik, dessen Arbeitszimmer mir ebenso zugänglich ist wie alles andere. Es geht überhaupt sehr zwanglos und demokratisch zu. Charcot läßt eine Menge der gescheitesten Bemerkungen so im Vorbeigehen fallen, fragt viel und ist immer so höflich, mein elendes Französisch zu korrigieren. Ich halte mich, solange er da ist, in seiner Nähe und fühle mich ganz heimisch bereits. Der Assistent Marie ist ein so prächtiger Kerl, daß ich nur bedauere, daß er in zehn Tagen weggeht. Sein Nachfolger ist noch nicht da. Marie hat mir heute gleich das Material gegeben, das ich für meine selbstgewählte Arbeit (hast Du je etwas von sekundären Degenerationen gehört?) brauche, und Charcot hat heute einen Brief an einen anderen Professor geschrieben, damit ich Kindergehirne bekomme. Der Vormittag ist den Kranken, der Nachmittag der Arbeit gewidmet. Damit kann ich doch sehr zufrieden sein. Ich war heute auch

nachmittags dort. Die Leute sind noch nicht sehr fleißig, Vorlesungen
haben noch gar nicht begonnen. Abends will ich, wie heute, in der Bibliothek lesen oder zu Hause studieren. Die Jungen[34] werde ich sobald nicht
wieder sehen. Ich bin ganz glücklich, in Arbeit zu sein.

Meine neuen Stiefel sind heute gekommen, zum Schnüren, mit englischen Sohlen, aber zweiundzwanzig Francs! Überhaupt, was für Geld ich
nur für die gewöhnlichsten Dinge brauche, und wie arm ich schon bin,
wirst Du nicht glauben. Ich habe natürlich schon an Paneth geschrieben.
Aber der Aufenthalt wird sich lohnen, das sehe ich klar. Ganz wohl wäre
mir, wenn ich nicht an das Elend zu Hause denken müßte. Aber ich bin so
alt oder so schwach oder so schlecht, daß ich mir nichts abgehen lassen
kann. Ich esse [mich] doch satt und rauche und kann nichts tun als –
bedauern. Wenn es mir einmal einfällt, verstört es mich, aber davon
haben die nichts.

Du, mein Liebchen, schreib nur recht viel von Dir. Könnt' ich nicht einmal Dich und die Arbeit zusammen haben?

Mit vielen Küssen

Dein Sigmund

Paris, 8. November 1885

Mein geliebter Schatz

Im dunkeln Bewußtsein, daß ich Dir schon eine Ewigkeit nicht geschrieben habe und durch eine Karte von Dir daran erinnert, daß Du Dich
wieder an Mama gewöhnt haben dürftest und von mir was hören wolltest, schreibe ich Dir wieder. Allerlei kleine Dinge haben sich ereignet,
aber das Wichtigste ist doch für mich, daß ich jetzt in der Arbeit glatt
vorwärtskomme und ins richtige Fieber gerate, und das war auch die Ursache, die mich nicht zum Schreiben kommen ließ. Gefunden habe ich
aber noch gar nichts.

Gestern hatte mein Nichtschreiben einen anderen Grund. Ich hatte zu
viel zu hören, ich war im Theater Porte Saint-Martin bei Sarah Bernhardt[35]. Bin etwas müde und wüst davon, von acht bis halb ein Uhr Hitze
und Höllenschaustück, aber es war der Mühe wert. Wovon soll ich nun
anfangen, Dir zu erzählen? Ich bin heute so ungeschickt in der Anordnung. Zuerst die Nebensachen. Wir (ich war mit einem meiner Russen)
haben vier Francs für den Sitz bezahlt und waren dafür Stalles d'orchestre
untergebracht, was ich ohne weiteres als Orchesterstall zu übersetzen
bitte. Man sah und hörte ausgezeichnet, aber ich glaube, im Grab hat

man mehr Platz und ist, weil ausgestreckt, bequemer. Um acht Uhr ging es los, das Stück hat fünf Akte oder acht Tableaux (›Théodora‹ natürlich), nach dem ersten Akt hatte sich eine Hitze zum Eiersieden entwickelt, die allmählich anstieg und gegen Ende des Stücks überhaupt nicht mehr zu bezeichnen oder zu ertragen war. Und nun die elende Großmannssucht der Franzosen, einem durch viereinhalb Stunden Theater zu geben, sowie beim Essen durchaus fünf oder sechs Gänge. Ein Ding rasch durchgenießen, wobei das Interesse einem über die Müdigkeit weghilft, ist ihnen zu plebejisch, sie haben also zweieinhalb Stunden Spiel durch zwei Stunden Zwischenakte auseinandergetrieben, in welchen man allerdings hinausgehen, auf der Straße im schönsten Wetter Bier trinken, Zigarren rauchen und Orangen essen kann; aber wenn man zu früh zurückkommt (und das tut man immer) steht man greuliche Qualen der Erwartung im Backofen aus. Das Stück, ›Théodora‹ von Victorien Sardou[36] (der bereits eine Dora und Feodora geschrieben hat und gegenwärtig mit einer Thermidora, Ecuadora und Torreadora beschäftigt sein soll), weiß ich nicht zu loben! Ein prunkvolles Nichts, herrliche byzantinische Paläste und Kostüme, ein Stadtbrand, Aufzüge von Bewaffneten und was Du willst, sonst kaum ein Wort, das man sich merken wollte, Charakteristik läßt einen ganz kalt. Theodora selber, die berühmte Kaiserin Justinians, die ursprünglich eine Ballettänzerin war, und, wie die Geschichte der Mühe wert gefunden zu notieren, einstmals toute nue aufgetreten ist, ist im Stück einfach femme qui aime. Die Franzosen lieben solche Vereinfachungen, denk an Donna Sol[37]. Sie liebt einen jungen Patrizier mit Idealen und republikanischen Neigungen herzlich, aufrichtig, ihre ganze komplizierte Vorgeschichte, die ihr der Geliebte natürlich am Ende einmal ins Gesicht schleudert, muß geglaubt werden, zeigt sich nicht in ihrem Wesen. Aber wie spielt diese Sarah! Nach den ersten Worten einer innigen, lieben Stimme war mir, als hätte ich sie seit jeher gekannt. Ich habe noch gar keine Schauspielerin gesehen, die mich so wenig überrascht hätte, ich habe ihr sofort alles geglaubt. Sie spielt fast das ganze Stück. Im ersten Tableau gibt sie auf einem ›Thronsofa‹ liegend Audienz mit gelangweilter, herrischer Gebärde und nimmt den in Ungnade gefallenen Belisar zu Gnaden auf. Im zweiten besucht sie unerkannt ihre Amme, die im Zirkus Menageriewärterin ist, spielt mit einem hinter Stroh versteckten Tiger und scheint das Leben zu genießen, wenn sie Zwiebel schälen hilft und das frugale Mahl der Amme teilt. Im dritten besucht sie gleichfalls unerkannt als Myrtha ihren Geliebten in seinem Garten; im vierten hat sie eine kleine Szene mit ihrem kaiserlichen Gemahl, der ein steifer und feiger Tyrann ist, und dem sie vorwirft, daß er ein größerer Komödiant ist als sie; von nun an kommt etwas Handlung in das Stück, der Geliebte und ein Freund dringen bei Nacht in den Palast ein, um den Kaiser zu morden. Sie schlägt aber hinter dem Freund die Türe zu, so daß ihr Andreas entkommen muß, und als der Verschwörer gefangen wird und gefoltert werden soll, um zu verraten, wer mit ihm gekommen war, erbittet sie sich eine Unterredung mit ihm, entdeckt ihm ihr Verhältnis zu Andreas und heißt ihn auf Mittel sinnen, damit er nichts in der Folter bekenne. Er findet nur eins, sie muß ihn töten, und durch die Drohung, daß er sonst alles sagen wird, zwingt er sie ihn mit einer goldenen Nadel, die sie im Haar trägt, ins Herz zu stechen, nachdem er ihr die Stelle gezeigt hat. Im fünften Tableau besucht sie wieder ihren Geliebten, der eben die Totenfeier für seinen Freund hält und die schrecklichste Rache an der Mörderin Theodora zu nehmen verspricht. Im sechsten Tableau kommen Kaiser und Kaiserin in die Loge im Zirkus, um den Spielen zuzuschauen, ein Mann drängt sich vor und schleudert ihr eine Beschimpfung zu, er wird ergriffen und soll vor ihr niederknien, ehe er gerichtet wird. Es ist natürlich Andreas, sie bittet sich ihn aus und wirft ihr Tuch über den Gefesselten. Im siebenten Tableau sehen wir Justinian im Palast zitternd den Ausgang des Kampfes erwarten, der sich in der Stadt erhoben hat. Andreas ist entflohen und hat einen Aufstand organisiert. Aber Belisar siegt, die Gefangenen werden hereingebracht, die Tore geöffnet, und man sieht die Stadt in Brand stehen. Der Kaiser hat Verdacht gegen Theodora, welcher durch ihre Amme erzählt wird, daß Andreas verwundet im Zirkus verborgen ist. Sie besucht ihn dort im achten Tableau, muß seine Vorwürfe und Verachtung mit anhören und gibt ihm einen Zaubertrank, den die Amme ihr für Justinian gebracht hat, damit er ihrem Willen gefügig sei. Aber der Trank ist ein Gift, die Amme, deren Sohn vom Kaiser hingerichtet worden, wollte sich so rächen, Andreas stirbt, und während sie über ihn klagt, erscheinen einige Herren vom Hofe, die sich mit einer stummen Verbeugung präsentieren. Sie sieht auf, sagt »Ah, je comprends – l'Empereur – le bourreau«, dann »de quelle manière?« Der Henker zeigt ihr eine seidene Schnur, sie macht sich den Hals frei, sagt »jetzt will ich sterben« und wird erdrosselt.

Ich habe nie eine komischere Figur gesehen als Sarah Bernhardt im zweiten Tableau, wo sie im einfachen Kleid erscheint; ich übertreibe gar nicht, und doch mußte man bald aufhören zu lachen, denn jeder Zoll an dem Figürchen lebte und bezauberte. Dann ihr Schmeicheln und Bitten und Umarmen: es ist unglaublich, was sie für Stellungen annimmt, wie [sie] sich um eine Person schmiegt, wie sie mit jedem Glied und jedem

Gelenk agiert. Ein merkwürdiges Wesen, und ich kann mir denken, daß sie im Leben gar nicht anders zu sein braucht als auf der Bühne.

Tragen wir der historischen Treue gemäß nach, daß ich dies Vergnügen wieder mit einer Migräne bezahle und mir daher vornehme, sehr selten noch und dann nur um fünf oder sechs Francs ins Theater zu gehen.

Ich war in Gesellschaft des russischen Arztes Dr. Klikowicz, Assistenten von Botkin[38], der ein lebhafter, geriebener und liebenswürdiger Junge ist, und dem ich allerlei praktische Winke verdanke. So hat er mir eine Crémerie gezeigt, in der man für dreißig Centimes das haben kann, wofür man im Café sechzig zahlt, und mich in ein neues Restaurant geführt, in dem man à prix fixe ißt, sich jedoch die Speisen wählt, doppelt so viel zu trinken und etwas mehr zu essen bekommt als im Duval und doch zwanzig Centimes bei einer Mahlzeit spart. Ich würde mehr ersparen, wenn ich anstatt Bier Wein nehmen würde, würde nur ein Franc sechzig anstatt zwei Francs zahlen. Für heute, Sonntag, war ein Ausflug nach Versailles projektiert, aber ich will meinen Kopf und meine Kassa ausruhen lassen.

Mit meinem anderen Russen, dem wissenschaftlichen, der mich für heute abend zum Tee eingeladen hat, hatte ich vor, mehrere Vorlesungen zu besuchen. Wir waren auch Freitag bei M. Hallopeau[39], einem jungen Dozenten, und haben ein französisches Amphitheater und dergleichen kennengelernt. Ich habe mich dem Herrn vorgestellt, aber von Empfang kann nicht die Rede sein, man hört immer charmé (was nicht wahr ist), dann [:] ich war auch in Wien und habe die und die Leute kennengelernt, und für künftig werde ich hingehen, wohin ich Lust habe und dabei meine Karten sparen. Auch die anderen Fremden, mit denen ich Bekanntschaft mache, denken gerade wie ich über die sogenannte Freundlichkeit der Franzosen.

Jetzt genug Chronik. Ich habe noch zu sagen, daß ich von Dolfi einen sehr lieben Brief bekommen habe. Jetzt, da ich meinen Stoff bewältigt habe, will ich Dir wieder herzlich und plaudernd schreiben und warte auch von Dir wieder ausführlicher zu hören. Es grüßt Dich herzlich

Dein immer gleich treuer Sigmund

Mein teures Liebchen

...Die beiden Briefe von Mama und Minna sind sehr lieb und verlangen Antwort. Ich bin auch gar nicht schreibfaul, und die Republik sieht mich gerne in Paris, weil ich so viel Geld in Timbres verausgabe. Mit dem Weihnachtsgeschenk für Frau Gehrke[40] sehr einverstanden. Es soll doch von Paris kommen, nicht?

Ich bin wirklich jetzt sehr behaglich, und ich glaube, ich verwandle mich sehr. Ich will Dir das einzeln aufzählen, was auf mich einwirkt. Charcot, der einer der größten Ärzte, ein genial nüchterner Mensch ist, reißt meine Ansichten und Absichten einfach um. Nach manchen Vorlesungen gehe ich fort wie aus Notre-Dame, mit neuen Empfindungen vom Vollkommenen. Aber er greift mich an; wenn ich von ihm weggehe, habe ich gar keine Lust mehr, meine eigenen dummen Sachen zu machen; ich bin jetzt drei Tage faul gewesen, ohne mir darum Vorwürfe zu machen. Mein Gehirn ist gesättigt wie nach einem Theaterabend. Ob die Saat einmal Früchte bringen wird, weiß ich nicht; aber daß kein anderer Mensch je ähnlich auf mich gewirkt hat, weiß ich gewiß. Auch der alte Ricchetti[41], der alle bedeutenden Männer seiner Zeit gekannt hat, ist ganz auf (aus und um) von ihm. Komme ich dann nach Hause, so bin ich ganz resigniert und sage mir: Die großen Probleme sind für die Männer von fünfzig bis siebzig, für uns junge Leute ist das Leben. Mein Ehrgeiz bescheidet sich, in einem langen Leben etwas von der Welt verstehen zu lernen, und meine Pläne für die Zukunft sind, daß wir heiraten, uns lieben und arbeiten, um mitsammen genießen zu können, anstatt daß ich mit Anspannung aller Kräfte wie ein Rennpferd das Ziel zu erreichen suche, das heißt, mir ein Haus bauen, bei welcher Arbeit und Entbehrung ich meiner geistigen Gesundheit gerade noch zwei oder drei Jahre geben möchte. Ob noch ein Einfluß der zauberhaft anziehenden und abstoßenden Stadt dabei ist? Es müßte ein ganz indirekter sein. Weißt Du mir darüber was zu sagen, mein Liebchen?

Gestern habe ich einen großen, psychologisch interessanten Unsinn begangen. Ich wollte ein Mémoire von Charcot kaufen, das fünf Francs kostet. Es war aber vergriffen, und ich hätte um es zu besitzen, einen Band von Charcots Archiv um zwölf Francs nehmen müssen. Sieben Francs verlieren, das war mir zuviel. Da sagte mir der Mann, daß wenn ich mich auf Charcots Archiv abonniere, ich alle davon erschienenen Bände im Wert von hundertvierzig Francs um sechzig haben könnte. Das

Abb.14: Prof. Jean Martin Charcot

Jahresabonnement selber kostet zwanzig Francs. Ich tat das und gab also achtzig Francs aus, angeblich um achtzig Francs zu ersparen. Das Archiv ist von größtem Wert für mich, aber achtzig Francs werde ich spüren. Wenn Du es also rührend findest, daß ich täglich eine Kleinigkeit für Weihnachten beiseite lege, so erinnere Dich an diese meine große Verschwendung.

Dein Sigmund

Paris, Samstag, 12. Dezember 1885

Teuerstes hochgeehrtes Prinzeßchen

Glauben Eure Hoheit wirklich, daß man sich so leicht von Paris losreißen kann? Erschrecken Sie nicht, ich komme am Einundzwanzigsten morgens in Hamburg an, das ist gewiß, aber Berlin werde ich wohl kaum sehen, ich gehe dann wieder nach Paris zurück. »Also was ist denn eigentlich geschehen, Du närrischer Mann?« Nichts, mein Weibchen, als daß Charcot mich heute auf die Seite genommen: »J'ai un mot à vous dire.« Und dann sagte er, daß er gerne seine Zustimmung gebe, daß ich seinen III. Band ins Deutsche übersetze, und zwar nicht nur den ersten Teil, der schon im Französischen erschienen ist, sondern auch den zweiten, bisher noch nicht gedruckten. Bist Du zufrieden? Ich war's. Das ist wieder was sehr Schönes. Das muß mich in Wien und Deutschland bei Ärzten und Kranken bekannt machen und ist einige Wochen und einige hundert Gulden wert, bringt ja auch einige hundert Gulden ein. Es ist wirklich glückverheißend für die Praxis und wird überdies meinem eigenen Buch[42], wenn es fertig ist, den Weg bahnen.

Ricchetti meint nun, das sei nicht die Zeit, Charcot zu verlassen, wenn man anfängt, in ein Verhältnis zu ihm zu kommen, und ich glaube, er hat wirklich recht. Mit einer zehntägigen Abwesenheit hat das aber gar nichts zu schaffen, als daß ich Dich um eine Aussicht froher küssen kann. Und daß es Dir zu gönnen ist, mein süßer Schatz, wenn Du Dich über mich freust, wo Du so oft Anlaß hast, um meinetwillen traurig zu sein. Also das war ein guter Tag, wie der vom Reisestipendium, und ich hoffe, daß Du mir nicht abraten wirst, Dich zu sehen, ehe ich mich in die mit neuer Arbeit versehene Pariser Zeit stürze.

Es war übrigens heute ein Tag wie im Lustspiel, wenn alles zusammentrifft. Charcots Erlaubnis, ein guter Brief von Hause, Rosa schreibt, daß sie riesig zu tun hat – mein Winterrock, meine Wäsche und Stiefel, was der Nachmittag noch bringt, weiß ich nicht – ich möchte wissen, was Dir heute passiert ist.

Meine Wohnung gebe ich wohl auf, kann sie aber gewiß wiederbekommen, und meine Bücher packe ich in eine Kiste und lasse sie bei Ricchetti stehen, der sie mir eventuell nach Wien schickt, wahrscheinlich aber wieder ausliefert, wenn ich nach Wien[43] komme.

Ich möchte gerne jauchzen und hüpfen und am liebsten schon heute bei Dir sein, mein teurer guter Schatz. Bist Du nicht mit der Rückkehr unter solchen Verhältnissen einverstanden?

Es küßt Dich vieltausendmal

Dein Sigmund

Paris, Freitag, 18. Dezember 1885

Mein teures Liebchen

Nur noch ein kurzer Brief, der vielleicht erst gleichzeitig mit mir ankommt. Ich bin glücklich, daß Du Deinem Widerstand gegen mein Kommen entsagt hast. Erinnerst Du Dich noch an das erste Kompliment, das ich Dir, der Ahnungslosen, vor mehr als dreieinhalb Jahren gemacht habe? Es war, daß Dir, wie der Prinzessin im Märchen Rosen und Perlen von den Lippen fallen und daß man nur zweifeln müßte, ob Güte oder Verstand bei Dir die Oberhand haben. Von jenem Wort her hast Du den Namen Prinzeßchen erhalten. Ich kann das Kompliment, dessen Berechtigung ich damals doch nur ahnen konnte, jetzt, Dir so vertraut geworden, nur aufrecht erhalten, und hoffe, es wird immer so zwischen uns bleiben.

Ich reise Sonntag früh halb acht und bin Montag sechs Uhr achtzehn in Hamburg. Es hat sich an den ursprünglichen Dispositionen nichts geändert. Ich nehme eine Reisetasche von Dr. Ricchetti, wahrscheinlich noch ein Plaid von ihnen, die kleine englische Handtasche, weiter nichts. Kiste und Koffer sind gepackt und kommen ebenfalls zu ihnen.

Ich bringe nichts mit als etwas Süßigkeiten für die Kinder und winzige Kleinigkeiten für Euch. In Köln kaufe ich noch eine Flasche Kölnerwasser für Mama...

Mit Charcot hatte ich gestern noch eine Unterredung, in der er sehr freundlich allen Wünschen des Buchhändlers nachgegeben hat. Die Sache ist jetzt sicher und geebnet. Ich habe dem Buchhändler geantwortet und erwarte sein Honorarangebot nach Wandsbek.

Minna sagst Du von mir, daß wenn wir einen Tisch von Freunden haben, immer ein Platz für sie gedeckt ist.

Ich schließe Liebchen, es ist zwölf Uhr, der Russe war bei mir, und ich habe ihm mein Opus vorgelesen. Liebe und Wissenschaft mögen nie verlassen

Deinen Sigmund

Abb.15: Emmeline Bernays, Marthas Mutter

Paris, Sonntag, 17. Januar 1886

Mein süßes Prinzeßchen

Trotz der letzten Kriegserklärung, weil Du zur Unzeit Pakete abfertigst anstatt mir lange, herzliche und schmeichelhafte Briefe zu schreiben, finde ich mich doch gar nicht berechtigt, Dir zu verschweigen, daß ich Dich außerordentlich liebhabe, wenn Du's vielleicht schon vergessen haben solltest. Ferner, daß ich sehr schöne Tage verlebe und soweit ich kann, sehr zufrieden bin und folgt im weiteren, womit.

Zunächst weil eine hirnanatomische Arbeit hier fertig gebraut worden ist, und zwar auf folgende Weise. Ich sitze bei meinem kranken Russen, schimpfe über Ricchetti, der ihn nach wie vor plündert[1] und erzähle ihm eine hübsche Geschichte, die ich in Wien entdeckt, und weil ich mich gefürchtet, es könnte doch noch was dahinterstecken, nicht publiziert habe. Darauf zeigt er mir in seinen Notizen genau das Nämliche und erzählt, daß er das Resultat einem Kollegen und Konkurrenten mitgeteilt hat, der es in einer Arbeit verwerten wird. Lieber Freund, sage ich, nein, das ,publizieren wir zusammen, und zwar gleich jetzt. Ich habe einige Präparate mit, Sie deren eine Menge, wir studieren die zusammen durch, dann machen Sie eine Zeichnung, ich den Text und wir lassen das Zeug zusammen los. Einverstanden. Am ersten Tag haben wir dann fünfeinhalb Stunden bei Tages- und Lampenlicht zusammen Präparate studiert in beständigem Suchen und Zweifeln, bis er auf's Bett fiel, und ich mit einem Hirngesumme fortging, daß ich am Abend nicht einschlafen konnte, sondern noch [von] zehn bis zwölf Uhr auf den Boulevards zur Lüftung herumspazieren mußte. Die Sache blieb mir noch zweifelhaft, am nächsten Tage tat ich einige glückliche Blicke, geriet ins Feuer, es klärte sich alles, heute haben wir es ganz erledigt. Es stellt sich sehr schön heraus, ich denke über den Text nach, er grübelt über die Zeichnungen und in drei Wochen kannst Du Deiner Sammlung wissenschaftlicher Abhandlungen in der alten Mappe ein neues kleines Werk von Dr. F. und Dr. Darkschewitsch, betitelt ›Zur Kenntnis des Hinterstrangkerns und der Bestandteile des Strickkörpers‹[2] (eh!) oder ähnlich einverleiben. Es ist eine ganz nette Geschichte, die mich sehr freut. – Natürlich habe ich die drei Tage in Übersetzung und Arbeit unterbrechen müssen.

Zweite Annehmlichkeit: Gestern abends kam Jules Bernays[3] zur Theaterzeit angefahren, um mich in die Comédie-Française mitzuschleppen, wo man ›Figaros Hochzeit‹ von Beaumarchais gab. Ich ging in meiner frohen Stimmung gerne mit und unterhielt mich glänzend. Platz für sechs Francs (ich hatte es endlich durchgesetzt, daß ich nicht mehr sein Gast bin), ein herrliches Spiel, bedeutendes, geistsprühendes Stück, das jetzt ungefähr hundert Jahre alt ist. Du kennst den Inhalt aus der Oper, die wir zusammen gehört haben. Aber außer dem Stoff für die Oper steckt noch ein meisterhaftes Schauspiel darinnen. Gelegentlich ist man enttäuscht, daß jetzt nicht die herrlichen Melodien anfangen, zum Beispiel wenn Susanne sich den Brief schreiben setzt, oder wenn der Graf sich freut, daß sie ihn im Garten erwarten will. Der Inhalt ist ein im höchsten Grad revolutionärer, die Aufführung dieses Stücks wird auch im allgemeinen als ein Vorbote der großen Revolution aufgefaßt. Wie die Leute sprechen und spielen, kann ich Dir ja nicht beschreiben; Du hättest dabei sein müssen. Susanne war reizend, ebenso der Page, eine komische Figur kam hinzu, der Richter, der in der Oper fehlt, wo überhaupt alles auf den Prozeß Figaros mit Marzelline Bezügliche sehr zusammengeschrumpft ist. Nach dem Theater gingen wir, sein Freund von voriger Woche als dritter, in eine Brasserie Bier trinken, und ich kam nicht vor zwei Uhr ins Bett. Keine Migräne heute.

Drittes, nicht am mindesten interessantes Ereignis.

Montag, 18. Januar 1886, elf Uhr nachts

Mein süßes Prinzeßchen

Gestern nach dem Dinner schrieb ich noch den Entwurf der anatomischen Arbeit, bis ich nicht mehr konnte. Heute kam endlich Dein lieber Brief, und ich muß meine Antwort nun so verstümmelt absenden, sonst hast Du noch länger zu warten. Ich habe mich so müde geschrieben, daß ich kaum mehr die Feder halten kann. Das dritte Interessante war also, daß ich gestern über eine Stunde bei Charcot war und von ihm noch etwa zehn Bogen bekommen habe. Ich wollte Dir gern beschreiben, wie es bei ihm aussieht. Jetzt aber auf später. Ferner bin ich, wie Ricchetti, auf morgen Dienstag abends nach dem Diner bei ihm eingeladen »Il y aura du monde«. Du kannst Dir ungefähr mein mit Neugier und Befriedigung gemischtes Grauen denken. Weiße Handschuhe und Krawatte, selbst ein neues Hemd, Frisieren der letzten noch übrigen Haare, und so weiter. Etwas Cocain, um das Maul öffnen zu können. Diese Neuigkeit darf na-

türlich weit in Hamburg und in Wien verbreitet werden, selbst mit Über-
treibungen, wie daß er mich auf die Stirn geküßt (à la Liszt und so weiter). Du siehst, es geht mir gar nicht schlecht, und ich lache Dich wegen
Deiner Pläne gar nicht aus.
Ich grüße Dich herzlich und möchte gern Dein Zahnarzt sein, der das
gewiß nicht zu schätzen, nur hoch anzurechnen weiß.

Dein Sigmund

Paris, 20. Januar 1886

Mein geliebtes Weibchen
...Ich wollte noch gestern um zwölf Uhr nachts schreiben, aber ich
konnte die Zündhölzchen nicht finden und mußte bei Mondenschein die
feine Kleidung ablegen und zu Bette gehen. Beginnen wir also von
vorne.
Samstag kam Charcot zuerst auf Ricchetti zu und lud ihn ein, Dienstag
bei ihm zu speisen, ehe er verreist. Der lehnte es erschrocken ab und
nahm endlich für den Abend nach dem Diner an. Dann kam er auf mich
zu und wiederholte die letztere Art von Einladung, und ich verneigte
mich tiefbeglückt. Ferner bestimmte er Sonntag halb zwei als Zeit, in der
wir über die Übersetzung verhandeln wollten. Daß ich bei ihm war und
zehn Bogen bekommen habe erst, noch nicht alles, habe ich Dir schon
berichtet. Ich will nur nachtragen, wie es in seinem Studierzimmer aussieht. Dasselbe ist so groß wie unsere ganze zukünftige Wohnung, ein
Stück, des ganzen Zauberschlosses, in dem er wohnt, würdig. Es zerfällt
in zwei Abteilungen, von denen die größere der Wissenschaft, die kleinere der Gemütlichkeit gewidmet ist. Zwei leichte Vorsprünge in der
Wand trennen die beiden ab. Wenn man durch die Türe eintritt, sieht
man zunächst durch ein großes dreigeteiltes Fenster, dessen Scheiben
von Glasmalereien unterbrochen sind, auf den Garten. Längs der beiden
Seitenwände der größeren Abteilung steht die riesige Bibliothek in zwei
Stöcken, zum zweiten Stockwerk führen auf beiden Seiten Treppen. Zur
linken von der Türe steht dann ein riesig langer mit Zeitschriften und
nicht eingereihten Büchern bedeckter Tisch, kleinere Tische mit Mappen
vor dem großen Fenster. Nicht weit von der Tür rechts ist ein kleineres,
ebenfalls bunt bemaltes Fenster, und vor dem steht Charcots Schreibtisch, ganz flach, mit Büchern und Manuskripten bedeckt, sein Lehnstuhl
und eine Menge von anderen Stühlen. In der hinteren Abteilung Ka-
min, Tisch und Kästen mit Antiquitäten indischer, chinesischer Her-

kunft, die Wände mit Gobelins und Bildern bedeckt. Soweit man sie frei sieht, zeigen sie einen antikroten Anstrich. Was ich von anderen Zimmern am Sonntag flüchtig sah, enthielt dieselbe Verschwendung von Bildern, Gobelins, Teppichen und Kuriositäten, mit einem Wort ein Museum.

Nachdem uns Charcot am Dienstag vormittags noch an unser Engagement erinnert, hatten wir den ganzen Nachmittag mit unseren Vorbereitungen zu tun. Ricchetti, der mit einer unglaublichen Schäbigkeit einhergegangen war, hatte sich von seiner Frau zu einer neuen Hose und neuem Hut überreden lassen, sein Schneider soll ihm angeblich gesagt haben, daß man ohne Frack, in einer Redingote[4], in Gesellschaft gehen kann, und so war er der einzige, der nicht einen Frack hatte. Ich war in tadelloser Toilette, bis darauf, daß ich die unglückliche weiße Cravate mit Mécanique durch eine der schönen schwarzen von Hamburg zum Anknöpfen ersetzt hatte. Mein Frack trat hier zum ersten Mal in Tätigkeit, ich hatte mir ein neues Hemd gekauft, ein Paar weiße Handschuhe, da die gewaschenen doch nicht mehr schön sind, die Haare richten und den wieder gewucherten Bart auf französisch zuschneiden lassen, im Ganzen vierzehn Francs für diesen Abend ausgegeben. Dafür war ich sehr schön und machte mir selbst einen günstigen Eindruck. Wir fuhren im Wagen (den wir zu gleichen Teilen bezahlten) vor. Er schrecklich aufgeregt, ich ganz ruhig mit Hilfe einer kleinen Dosis Cocain, obwohl sein Erfolg ein sicherer war, und ich Grund hatte, mich vor einer Blamage zu fürchten. Wir waren die ersten Abendgäste und hatten noch zu warten, bis die Herrschaften vom Diner kamen. Wir bestaunten unterdessen die wunderbaren Zimmer. Aber da kamen sie, und wir waren im Feuer. M. und Mme. Charcot, Mlle. Jeanne Charcot, M. Léon Charcot, ein junger M. Daudet, Sohn von Alphonse Daudet, Professor Brouardel[5], der gerichtliche Mediziner, ein energischer, intelligenter Kopf, M. Strauß, Assistent von Pasteur, durch seine Choleraarbeiten wohlbekannt, Professor Lépine[6] aus Lyon, einer der bedeutendsten Kliniker Frankreichs, ein kleiner kränklicher Mann, M. Giles de la Tourette[7], früher Assistent von Charcot, jetzt von Brouardel, ein echter Südfranzose, ein Professor Brock, Membre de l'Institut, Mathematiker und Astronom, der gleich Deutsch zu sprechen anfing und sich als ein Norweger herausstellte, später Charcots Bruder, ein Herr, der Professor Vulpian[8] ähnlich sah, es aber nicht war, und einige andere, deren Namen ich nicht erfuhr, auch ein italienischer Maler Toffano[9]. Nun bist Du wohl neugierig, wie ich mich in der ausgezeichneten Gesellschaft benahm? Sehr anständig, ich machte mich an Lépine, dessen Arbeiten ich kannte, hielt lange Unterredungen mit ihm, dann mit Strauß und Giles de la Tourette, nahm gleich von Mme. Charcot eine Tasse Kaffee an, trank später Bier, dampfte wie ein Schornstein und fühlte mich sehr behaglich, ohne daß mir ein einziges Malheur passiert wäre. Man mußte sich aber sehr behaglich fühlen, denn der Verkehr war ein sehr ungezwungener, und man gab sich mit uns Fremden sehr viel ab. Lépine forderte mich auf, doch auch nach Lyon zu kommen, was ich wirklich gern täte, ich mußte viel von Wiener Personalverhältnissen erzählen und war selbst einmal im Mittelpunkt der Aufmerksamkeit. Ricchetti hatte nämlich Mlle. und Mme. den Hof gemacht, und die kamen dann ganz entzückt hineingelaufen und verkündeten »qu'il parle toutes les langues«. »Et vous, Monsieur?« fragte dann Mme. Charcot. Ich antwortete: »Deutsch, Englisch, ein wenig Spanisch und Französisch nur sehr schlecht.« Sie fand das genug, und Charcot sagte: »Il est trop modeste, il ne lui manque que d'habituer l'oreille.« Ich bestätigte dann, daß ich wirklich oft erst nach einer halben Minute verstehe, was ich gehört habe und verglich das mit einem krankhaften Symptom bei Tabes, was Anklang fand.

Soweit meine Leistungen, mit denen (oder vielmehr mit den Leistungen des Cocains) ich sehr zufrieden war. Ich holte mir von dort die Erlaubnis, den Kurs von Professor Brouardel in der Morgue anzuhören, und habe es schon heute getan. Die Vorlesung war sehr schön, der Gegenstand minder für zarte Nerven geeignet und findet sich als jüngste Moritat in den Pariser Zeitungen beschrieben.

Du wirst Dich vielleicht ebenso wie für meine Leistungen für die Personen von Mme. und Mlle. Charcot interessieren. Madame ist klein, rund, lebhaft, weiß gepuderte Haare, liebenswürdig, nicht sehr distinguiert im Aussehen. Der Reichtum stammt von ihr, Charcot war ein ganz armer Teufel, ihr Vater soll ungezählte Millionen besitzen. Mlle. Jeanne Charcot ist was anderes, auch klein, etwas voll und von einer geradezu lächerlichen Ähnlichkeit mit ihrem genialen Vater, infolgedessen so interessant, daß man sich nicht überlegen kann, ob sie hübsch ist. Sie ist etwa zwanzig Jahre alt, sehr natürlich und umgänglich. Ich habe kaum mit ihr gesprochen, da ich mich zu den alten Herren hielt, aber R. sehr viel. Sie soll Englisch und Deutsch verstehen. Denke Dir nun, ich wäre nicht schon verliebt und sonst ein rechter Abenteurer; es wäre eine starke Versuchung, hereinzufallen, denn nichts ist gefährlicher, als wenn ein junges Mädchen die Züge eines Mannes trägt, den man bewundert. Dann würde man mich auslachen, hinauswerfen, und ich wäre um die Erfahrung eines schönen Abenteuers reicher. Es ist doch besser so – – –

Neugierig bin ich übrigens, ob die Einladung die letzte ist. Ich glaube ja, denn ich habe sie gewissermaßen Ricchetti zu verdanken.

. . .

Mit herzlichem Kuß

Dein Sigmund

Paris, Mittwoch, 27. Januar 1886

Mein süßer Schatz

Ich bin wieder herzlich froh, daß Du gut bist; es war ein seltsames Gefühl von Verlassenheit, zu wissen, daß Du nicht mehr wie sonst an mich denkst, ein Gefühl, das nicht lange zu ertragen gewesen wäre, um so weniger, da ich mir allein die Schuld zu geben hatte. Nun, Du bist wieder gut und ich danke Dir herzlich dafür, und bin doch nicht zufrieden, sondern glaube, nachdem man sich gekränkt, muß man sich noch besser sein als vorher, sonst bleibt nicht dasselbe, was vorher war. Zum ersten Male seit den dreieinhalb Jahren unseres Brautstandes habe ich die unsichere Empfindung, daß vielleicht nicht alles in Ordnung gekommen ist, und wenn Du weißt, was ich tun kann, um bei Dir keine bittere Erinnerung zurückzulassen, so sag mir's nur. Ich werde mich dann wieder wohler fühlen.

Eins hat mich wirklich überrascht; nicht daß Du mir so rasch verziehen hast, denn ich weiß, das wirst Du tun, auch wenn Du mich nicht mehr lieb hast, sondern daß Dir solche Gedanken durch den Kopf gehen, solche bösen Gedanken, die man gleich als seinem Wesen fremd erkennt und doch nicht aufzutauchen verhindern kann. Ich hatte geglaubt, daß Du die nicht kennst. Es gibt Menschen, die gut sind, weil ihnen nichts Böses einfällt, und andere, die gut sind, weil sie ihre bösen Gedanken – immer oder häufig – überwinden. Ich hatte Dich zu den ersten gerechnet. Aber gewiß bin ich selbst schuld daran, daß Dir diese Arglosigkeit verlorengegangen ist. Es liegt schließlich auch nicht viel daran; wer mit dem Leben viel zusammenstößt, muß sie verlieren und sich dafür einen Charakter anschaffen.

Könnte ich Dir jetzt einen Kuß geben, mein teures Mädchen, Du würdest merken, wie sehr alles – ungeändert ist, obwohl ich nicht weiß, was Du geändert glaubst.

Deine liebenswürdigen Vorwürfe wegen meines Benehmens gegen meine Familie verdiene ich nicht, wie Du jetzt schon weißt.

Ricchettis sind gestern abends abgereist. Ich habe sie auf den Bahnhof begleitet und habe gern zum Abschied die vielen kleinen Beschwerden vergessen, die ich gegen ihn hatte, gegen seine intensive Teilnahme und die beiden Dinge, die ich ihm doch indirekt verdanke, Übersetzung und Einladung bei Charcot. Sie lassen Dich noch herzlich grüßen. Ich bin beauftragt, ihr eine Pariser Zeitung, in der sie ein Roman interessiert, eine Zeitlang nachzuschicken. Ich bin also wieder einsam.

Die Zeit ist an kleinen Ereignissen nicht arm. Gestern habe ich den ersten Teil meines eigenen Buches[10] beendigt. Jetzt kommt eine kleine Pause, und die Übersetzung, in der ich, wirklich aus Angst, den Schreibkrampf zu bekommen, ausgesetzt habe, wird vorgenommen. Ich bin nämlich etwas nervenmüde und ruhe mich gerne aus.

Ich bin jetzt bei Charcot der einzige Fremde. Heute, als eine Reihe von kleinen Separatabdrucken (englisch) an ihn kam, reichte er mir einen hin, und bald darauf hatte ich Gelegenheit, ihm einen gewissen Eindruck zu machen. Er erzählte von einem Kranken, und während die anderen lachten, warf ich ein »Vous parlez de ce cas dans vos leçons« und zitierte einige dort stehende Worte. Das scheint ihn gefreut zu haben, denn eine Stunde später sagte er zu dem Assistenten »Vous allez prendre cette observation avec M. Freud« wandte sich dann zu mir und fragte, ob ich auch mit M. Babinski[11] eine »Observation prendre« möchte. Ich hatte natürlich nichts dagegen. Es ist ein Fall, den er als interessant betrachtet, der mir zwar nicht viel scheint, den ich aber wahrscheinlich mit dem Assistenten gemeinsam werde publizieren müssen. Der Hauptwert der Geschichte war aber, daß er mir überhaupt eine Aufmerksamkeit erwiesen hatte, und der Assistent war wie umgewandelt. Ich nahm den Fall nach elf Uhr vor, als Charcot fort war, und merkte zu meinem Erstaunen, daß ich mich eigentlich doch mit einem Franzosen verständigen könne. Der Abschluß der Beobachtung wurde auf den Nachmittag vier Uhr verschoben, und der Assistent lud mich ein!! in der Salle des Internes mit ihm und den anderen Ärzten des Hauses zu déjeunieren, wo man mich natürlich als Gast behandelte. Und das alles auf einen Wink des Meisters! Wie schwer ist mir aber diese kleine Eroberung geworden, und wie leicht war sie Ricchetti! Ich glaube, es ist ein schweres Unglück für mich, daß die Natur mir nicht jenes unbestimmte Etwas gegeben hat, was die Menschen anzieht. Denke ich an mein Leben zurück, so hat mir kaum mehr als das gefehlt, um mir die Existenz rosig zu machen. Meine Freunde habe ich so langsam erworben, um mein teures Mädchen mich so lange raufen müssen, und jedesmal wenn ich mit wem zusammenkomme, merke ich, daß der Neue von einem Antrieb, den er gar nicht zu analysieren braucht, zunächst veranlaßt wird, mich zu unterschätzen. Das ist eine Sache des Blicks oder der Gefühlsbildung oder sonst ein Naturgeheimnis, von dem man aber schwer betroffen wird. Was mich in Gedanken dafür entschädigt, ist die Innigkeit, mit der alle, die mir Freund geworden sind, dann an mir hängen – aber wo gerate ich hin?

Der Tag ging also ganz in der Salpêtrière auf. Am Abend von vier bis sieben Uhr haben wir uns mit dem Kranken beschäftigt. Ich habe geschrieben, was die Ausfragung des Patienten ergeben hat, der ein Südfranzose ist und nicht die Fähigkeit besitzt, einen Moment lang bei derselben Sache zu verweilen oder eine Ordnung in seine Angaben zu bringen. Dann ging der Assistent, der wohl nicht gern sich mit mir in der Untersuchung messen wollte, weg und ich hatte, da ich doch kein Anfänger bin wie er, in einer Viertelstunde alles gefunden, was ich ihm dann mitteilte. Er hat mich übrigens die ganze Zeit sehr anständig behandelt. Morgen werden wir dann den Fall Charcot vorstellen.

Zum Entgang dafür will ich auf die eigene hirnanatomische Arbeit verzichten. Meine Präparate gestatten mir doch nicht, einige Punkte zu lösen, und ich bin voll von Gedanken und Projekten, die ich in Wien zu ordentlichen Arbeiten ausführen will.

Einige Bücher sind gekommen, ein Instrument habe ich mir gekauft, ein Dynamometer, um meine eigenen nervösen Zustände zu studieren. Kurz Arbeit, Wissenschaft, alles sehr schön; wenn ich Dich nur wieder auf einen Tag sehen könnte. Nimmt Dich niemand nach Paris mit? Ich getraue mich heute wieder, Dir die zehn Mark zu schicken und hoffe bald zu hören, daß Dir das Jäckchen gut steht. Grüße Mama und Minna und erkläre ihnen mein Nichtschreiben jetzt.

Es küßt Dich herzlich   Dein Sigmund

Paris, Dienstag, 2. Februar 1886

Mein geliebter süßer Schatz

Du schreibst so reizend und vernünftig, und jedesmal bin ich beruhigt, wenn Du Dich über etwas ausgesprochen hast. Ich weiß Dir gar nicht zu danken; in letzter Zeit habe ich mir eine besondere Art, auf Dich Rücksicht zu nehmen, zum Vorsatz gemacht; Du wirst lachen; nämlich nicht krank sein zu wollen. Meine Müdigkeit ist nämlich ein Stück leichte Krankheit. Neurasthenie heißt man es, aus den Mühen, Sorgen und Aufregungen der letzten Jahre hervorgegangen, und sie ist mir immer wie mit einem Zauberschlag verschwunden, wenn ich bei Dir war. Also folgt daraus, daß ich trachten muß, recht bald viel mit Dir zusammen zu sein, und da das kaum anders geht, als wenn wir heiraten, daß ich mich bemühen muß, bald die berühmten dreitausend Gulden im Jahr zu haben; und da ich nicht unfleißig bin, und die Aussichten nicht schlecht stehen, bin ich auch nicht unglücklich und mache mir keine Sorgen über meine Nervosität.

Es freut mich sehr, daß Du mir das Zeugnis gibst, ich hätte an die Honorargeschichte[12] gedacht. Ich bin wirklich nicht aus Gedankenlosigkeit, sondern aus Noblesse hereingefallen. Es ist kaum was anderes zu sagen, Liebchen, als was Du sagst. Nämlich, daß wir jung sind und Lehrgeld zahlen müssen. Antwort auf meinen Brief an den Buchhändler habe ich noch nicht. Ich habe mich anfangs gar geschämt, Dir von der Geschichte zu schreiben, nur weil es mich doch sehr geärgert hat, konnte ich es nicht unterlassen.

Die Neuigkeit des Tages ist ein sehr freundlicher Brief von Obersteiner, auf dessen Wohlwollen ich, wie Du weißt, eine gewisse, in ihrer Absicht noch unbestimmte Hoffnung setze. Er teilt mir zum Beispiel mit, was in Wien jetzt für wissenschaftliche Skandale vorgehen. Der Wiener Kreis von hochanständigen Leuten tut mir auch in der Erinnerung sehr wohl. Man darf doch nicht so schlecht werden, wie die Leute einen machen wollen, nur vorsichtig. Anlaß des Briefes ist, daß er eine Auskunft über die Statuten der hiesigen Gesellschaft der Ärzte haben will, die ich ihm wohl noch heute abends werde verschaffen können. Es ist nämlich sechs Uhr und um halb zehn gehe ich, wie Du weißt, zu Charcot, nicht ohne Grauen, mich heute sehr schlecht zu amüsieren. Die Vorbereitungen waren heute natürlich geringfügiger als das erste Mal, doch war ich so außer Ordnung, daß ich nichts gearbeitet habe.

Das bißchen Cocain, was ich genommen habe, macht mich geschwätzig, Weibchen. Ich schreibe weiter und gehe auf Deine Kritik über meine arme Person ein. Weißt Du, wie seltsam der Mensch zusammengesetzt ist, seine Tugenden oft den Keim zu seinem Verderben bringen und seine Fehler sein Glück machen? Was Du von dem Charakter der Bernays schreibst, ist ja ganz richtig. Aber ich habe keinen Grund, darüber zu schimpfen. Dieser Übertreibung, die Du selbst so reizend eingestehst, verdanke ich mein Glück, denn ich hätte sonst nie den Mut gefunden, um Dich zu werben. Ob es auch ein Glück für Dich ist, wollen wir nicht untersuchen. Aber wer mich fragt, wie es mir gegangen ist, wenn meine Erlebnisse heute abschließen sollten, wird von mir hören, daß ich trotz allem – Armut, langsame Erfolge, wenig Gunst bei Menschen, übergroße Empfindlichkeit, Nervosität und Sorgen – doch glücklich war, durch die bloße Erwartung, Dich zu besitzen und durch die Gewißheit, daß Du mich liebhast. Ich war immer aufrichtig gegen Dich, nicht wahr? Ich habe nicht einmal von der Erlaubnis Gebrauch gemacht, die man gegen eine

Person des anderen Geschlechts im allgemeinen hat, sich von seiner besten Seite darzustellen. Ich habe lange und lange an Dir gedeutet und Dich getadelt, und das Ende ist, daß ich nichts anderes wünsche, als Dich zu haben und so zu haben, wie Du bist.

Glaubst Du wirklich, daß ich von außen so sympathisch bin? Schau, ich zweifle sehr daran. Ich glaube, man merkt mir was Fremdartiges an, und das hat seinen letzten Grund darin, daß ich in der Jugend nicht jung war und jetzt, wo das reife Alter beginnt, nicht recht altern kann. Es gab eine Zeit, in der ich nichts anderes als wißbegierig und ehrgeizig war und mich Tag für Tag gekränkt habe, daß mir die Natur nicht in gütiger Laune den Gesichtsstempel des Genies, den sie manchmal verschenkt, aufgedrückt hat. Seitdem weiß ich längst, daß ich kein Genie bin und verstehe nicht mehr, wie ich es zu sein wünschen konnte. Ich bin nicht einmal sehr begabt, meine ganze Befähigung zur Arbeit liegt wahrscheinlich in meinen Charaktereigenschaften und in dem Mangel hervorragender intellektueller Schwächen. Ich weiß aber, daß diese Mischung eine für den langsamen Erfolg sehr günstige ist, daß ich unter günstigen Bedingungen mehr leisten könnte als Nothnagel, dem ich mich weit überlegen glaube, und daß ich vielleicht Charcot erreichen könnte. Damit ist nicht gesagt, daß ich's werde, denn diese günstigen Bedingungen finde ich nicht mehr, und das Genie, die Kraft, sie zu erzwingen, besitze ich nicht. Aber wie ich schwätze! Ich wollte was ganz anderes sagen. Nämlich erklären, woher meine Unzugänglichkeit und Schroffheit gegen Fremde, die Du anführst, kommt. Sie ist nur eine Folge des Mißtrauens, nachdem ich oft erfahren habe, daß mich gewöhnliche oder schlechte Menschen schlecht behandeln, und wird in dem Maße schwinden, als ich nichts von ihnen zu befürchten brauche, als ich mächtiger und unabhängiger werde. Ich tröste mich immer damit, daß mir untergebene oder gleichgestellte Personen mich nie unangenehm empfunden haben, nur Vorgesetzte oder sonstwie Überlegene. Man würde es mir kaum ansehen, und doch war ich schon in der Schule immer ein kühner Oppositionsmann, war immer dort, wo es ein Extrem zu bekennen und in der Regel dafür zu büßen galt. Als ich dann eine bevorzugte Stellung als langjähriger Primus bekam, als man mir allgemein Vertrauen schenkte, hatte man sich auch nicht mehr über mich zu beklagen. Weißt Du, was mir Breuer eines Abends gesagt hat? Ich war so ergriffen davon, daß ich ihm daraufhin das Geheimnis unserer Verlobung mitteilte. Er sagte, er hätte herausgefunden, daß in mir unter der Hülle der Schüchternheit ein maßlos kühner und furchtloser Mensch stecke. Ich habe es immer geglaubt, und mich nur nie getraut, es wem zu sagen. Mir war oft so, als hätte ich den ganzen Trotz und die ganze Leidenschaft unserer Ahnen, als sie ihren Tempel verteidigten, geerbt, als könnte ich für einen großen Moment mit Freude mein Leben hinwerfen. Und dabei war ich immer so ohnmächtig und konnte die glühenden Leidenschaften nicht einmal durch ein Wort oder ein Gedicht zum Ausdruck bringen. So habe ich mich immer unterdrückt, und das, glaube ich, muß man mir ansehen.

Solche dumme Geständnisse mach ich Dir, mein süßer Schatz, und eigentlich ganz ohne Anlaß, wenn es nicht das Cocain ist, was mich zum Reden treibt. Aber jetzt will ich zum Diner hinunter gehen und dann mich ankleiden und noch etwas schreiben. Morgen schreibe ich Dir dann ganz wahrheitsgetreu, wie der Abend bei Charcots ausgefallen ist. Du erzählst jedenfalls, ich hätte mich glänzend unterhalten, und ich schreibe dasselbe nach Wien. Die Wahrheit ist für uns allein.

Halb ein Uhr

Gott sei Dank, es ist vorüber, und ich kann Dir gleich berichten, wie recht ich gehabt habe. Es war ledern zum Zerplatzen, nur das bißchen Cocain hat mich davor bewahrt. Denke Dir: vierzig bis fünfzig Leute diesmal, von denen ich drei oder vier gekannt habe. Vorgestellt wurde keiner keinem, jeder war sich selbst überlassen zu tun, was er wollte. Ich hatte natürlich gar nichts zu tun, glaube nicht, daß sich die anderen besser amüsiert haben, aber sie konnten wenigstens reden. Ich sprach sogar schlechter als gewöhnlich. Niemand bekümmerte sich um mich oder konnte sich um mich bekümmern. Alles ganz in der Ordnung, und ich war auf alles vorbereitet. Vor Madame habe ich eine Verbeugung gemacht. Sie erwartete sich wohl nicht viel Vergnügen von mir und sagte mir, daß ihr Mann im anderen Zimmer sei. Der Alte war wenig beweglich, saß zumeist in seinem Stuhl und schien mir sehr müde. Er ließ es natürlich nicht hie und da an kleinen Aufforderungen, dies oder jenes zu nehmen, fehlen, die das einzige waren, was ich von ihm gehabt habe. Mlle. war in einem griechischen Kostüm, sogar sehr nett, das kann ich Dir, da Deine Eifersucht doch nicht lange angehalten haben wird, sogar mitteilen, gab mir beim Eintritt die Hand und sprach sonst kein Wort mit mir. Erst gegen Ende kam ich mit Giles de la Tourette in ein politisches Gespräch, in dem er natürlich den wütendsten Krieg mit Deutschland prophezeite. Ich gab mich gleich als juif, der weder Deutscher noch Österreicher sei, zu erkennen. Solche Gespräche sind aber immer sehr peinlich für mich, denn ich fühle was Deutsches sich in mir regen, was ich zu unterdrücken lange beschlossen habe. – Gegen halb zwölf Uhr wurde man in den Speisesaal gefordert, dort gab es viel zu trinken und etwas zu essen. Ich nahm eine Tasse Chocolat. – Du mußt nicht glauben, daß ich enttäuscht bin, von einem Jour fixe kann man gar nichts anderes erwarten, und ich weiß nur, daß wir uns keinen einrichten werden. Sag aber niemandem was davon, wie langweilig das war. Wir wollen immer von dem ersten Abend erzählen.

Und jetzt gute Nacht, mein süßer Schatz, es grüßt Dich herzlich

Dein Sigmund

Paris, Mittwoch, 10. Februar 1886

Mein herziger Schatz

Was das Paris für ein Zauber ist! Soll ich zuerst von gestern erzählen oder Deine vielen Fragen beantworten? Zuerst von gestern. Es war der angenehmste Abend, den ich hier verbracht habe. Ich kam sehr früh und gleichzeitig mit Charcot selbst, der mir aber sagte, ich solle mir nichts daraus machen, ich sei nicht bei ihm, sondern bei Mme. Charcot geladen. Das frühe Kommen hatte aber den Vorzug, daß ich zuerst Mlle. Charcot, dann Madame allein genoß. Mademoiselle war sehr freundlich, aber, wie Du Dich freuen wirst, etwas recht unzugänglich. Genaueres folgt später. Madame wurde auch bald wieder durch ein Summen aus dem Hintergrund abgerufen und sagte zur Erklärung: »C'est lui, il ne sait pas se mettre la cravate lui-même.« Über diese Ähnlichkeit mit dem großen Mann war ich sehr erfreut. Er kam bald, und ich hatte ihn eine Viertelstunde für mich, in der ich viel angebracht habe, zuerst die Nachricht von der Kinderambulanz[13], auf die er sagte: »Mais c'est quelque chose«, dann von meiner Abreise, dann von einer kleinen Theorie, die ich über den mir geschenkten Fall gemacht habe, und die ihm sehr gefiel, dann von der Übersetzung und so weiter. Er fand auch, daß mir Paris sehr wohl tue und daß ich »engraisse«. Allmählich kamen die Gäste, und wir gingen zu Tische. Es waren außer Familie Charcot (vier Personen) der Bildhauer der eben eingeweihten Statue von Claude Bernard[14], Richet[15], Charcots Hauptassistent mit seiner Frau, die in einer gewissen Entblößung war, welche man aber einer Schönheit unmöglich übelnehmen konnte, sie war übrigens stumm wie eine Statue, ein M. Mendelssohn, Jude aus Warschau, der Charcots Assistent gewesen war, gleichzeitig ein Schüler der Berliner Physiologen ist und in beneidenswerten Verhältnissen an den Kranken der Salpêtrière arbeitet, ein M. Arêne[16], von dem ich alle Tage Artikel in den Zeitungen lese, Journalist und Kunstkenner, M. Toffano, ein italienischer Maler, dem ich nun zum dritten Male dort begegne, und

Abb.16: Sigmund Freud und Martha Bernays, Wandsbek 1885

ich. Ich saß neben Mlle. Charcot, meine Tischkarte schicke ich Dir für's Archiv ein. Man bekam nicht viel aber auserwählte Sachen zu essen, trank dabei verschiedene Weine. Die Unterhaltung wurde zumeist von Madame bestritten, Charcot selbst war sehr heiter, und die Familie konstatierte, daß er »aimable« sei. Also jetzt über Mademoiselle. Sie ist zwanzig Jahre alt und eigentlich bis auf ihre Kleinheit sehr schön, bewegt sich natürlich mit völliger Ungezwungenheit, und ihre Interessen scheinen zwischen Vater und Bruder geteilt zu sein. »Si j'étais garçon« sagte sie, sie hat offenbar viel ernsten Sinn für Medizin. Ich versuchte hie und da höflich zu sein und schlug ihr Englisch als Konversation vor, hörte aber bald auf, als sie es selbst sprach und erzählte, daß sie es früher als Französisch gelernt habe. Sie hat eine viel ältere Schwester, aber nicht von demselben Vater; und der Rest der Mahlzeit wurde von einem lebhaften Disput zwischen ihr und dem jungen Charcot eingenommen, dem der Alte durch ein gutgelauntes »Assez, Mademoiselle« ein Ende machte. Nach Ende der Tafel hatte ich die Ehre, Mademoiselle zurückzuführen, da M. Richet sich zu weit weg befand. Durch das Diner heimisch geworden, hatte ich natürlich einen angenehmen Abend und sprach noch viel mit Charcot selbst, von dem ich mir auch ein Buch und eine Zeitungsnummer auslieh. Besonders angenehm mußte es mir [sein], daß im Verlauf des Abends M. Ranvier[17], der berühmte Histologe, erschien, der mich so freundlich im Collège de France empfangen hatte. Er sprach, ich glaube, mit Charcot von mir, und ich hatte dann selbst eine angenehme Plauderei mit ihm. Meinem Selbstbewußtsein als Menschenkenner schmeichelte nicht wenig, als er mir gestand, daß er am liebsten Professor an einer kleinen deutschen Universität, zum Beispiel in Bonn, gewesen wäre, denn ich hatte ihn in meinem Brief an Paneth als einen »deutschen Universitätsprofessor, schlecht ins Französische übersetzt« bezeichnet. Der Schwarm nahm immer mehr zu, es kamen Cornu[18], der berühmte Optiker, von wahrhaft genialem Aussehen, M. Peyron, Direktor der Assistance publique, dem die Studenten vor kurzem einen Riesenskandal gemacht haben, kein Mensch weiß warum, und – staune einmal – Daudet selbst. Ein herrliches Gesicht! Kleine Gestalt, schmaler Kopf mit einer Unmasse von schwarzem gelocktem Haar, länglicher aber nicht typisch französischer Bart, feine Züge, in seinen Bewegungen sehr lebhaft, klangvolle Stimme. Auch Mme. Daudet war da, und hielt sich die ganze Zeit neben ihrem Gemahl, sie ist so wenig schön, daß man sich nicht vorstellen kann, daß sie je schöner gewesen, abgelebtes Gesicht, vorstehende Backenknochen. Sie trug sich wie eine sehr junge Frau, und doch war ihr achtzehnjähriger Sohn, der Freund von Charcots Sohn ist, zugegen. Daudet sieht höchstens nach vierzig Jahren aus, er muß sehr früh geheiratet haben.

Kurz, der Abend war sehr amüsant, und ich ging mit M. de la Tourette fort, dem ich noch um halb ein Uhr nachts einen Besuch in seiner Wohnung abstattete, um mir eine Arbeit, die er mir versprochen hatte, abzuholen.

Am nächsten Tag mußte ich denken, was ich doch für ein Esel bin, von Paris wegzugehen, jetzt wo das Frühjahr kommt, Notre-Dame so schön im Sonnenlicht dasteht, und ich Charcot nur ein Wort zu sagen brauche, um mit den Kranken zu machen, was ich will. Aber mir fehlt der mutige Leichtsinn, um länger zu bleiben.

Am nächsten Tage, also gestern, Mittwoch, gab es noch ein Abenteuer. Der Wiener, ein sehr ekelhafter Kerl, holte mich ab, und wir gingen in die Salpêtrière. Der Mensch ist Wasserpritschler bei Winternitz[19], hält sich darum auch für einen großen Neuropathologen und machte allerlei mitleidige Äußerungen, die ich im Bewußtsein einer nahen Rache leicht hinnahm. Er hatte nämlich einen Empfehlungsbrief an Charcot mit einer haushohen Schmeichelei; er sei gekommen, sich den größten jetzt lebenden Arzt anzusehen. Darauf erwartete er sich, ich weiß nicht recht was für Aufnahme, ich wußte aber, daß sie recht kühl sein würde. Wirklich, als er den Brief überreichte, sagte Charcot nichts als »à votre service, Monsieur«, und fügte hinzu: »Vous connaissez M. Freud?«, worauf er verdutzt und ich stillvergnügt die Köpfe senkten. Dann geschah noch etwas. Seit einer Woche ist ein Fremder dort, von entschieden germanischem Typus, aber doch wieder anders, über den ich nicht recht klug werden konnte. Mittwoch ist der Tag, an dem man in's Augenzimmer geht, und dort trat dieser Fremde plötzlich autoritativ auf, und als er mit dem Augenarzt Charcots die Karten wechselte, wurde dieser sehr höflich und sprach die Hoffnung aus, daß Monsieur noch oft kommen werde, damit er von ihm profitieren könne. Dadurch wurden wir neugierig zu wissen, wer er sein möchte. Beim Fortgehen kam er auf uns Wiener zu und sagte: »Ich habe Sie Deutsch sprechen hören. Ich will mich Ihnen vorstellen.« Der andere wechselte zuerst Karten mit ihm, und ich suchte noch meine, während der Fremde sagte: »Ich bin Deutscher, aber seit langem nach Amerika ausgewandert.« Endlich gab ich ihm meine Karte, aber eine solche ohne Titel und Adresse. Er warf einen Blick darauf und sagte: »Wären Sie Dr. Freud aus Wien? Den kenne ich ja längst aus seinen Arbeiten und besonders über's Cocain.« Ich war etwas erstaunt und fragte nach seinem Namen, den er nannte »Knapp«[20]. Nun ist Knapp der erste Augenarzt in New York, der auch viel über's Cocain geschrieben hat, und dem ich einmal in Kollers Namen einen Brief geschickt habe. Ich begrüßte ihn dementsprechend, und mein Wiener stand sehr verdutzt da, erstens den Mann verkannt zu haben, und zweitens, weil er sich in der Eile nochmals blamiert hatte. Als er das Cocain nennen hörte, fragte er: »Haben Sie denn auch über das Cocain gearbeitet?« und Knapp gab die Antwort: »Freilich, er hat's ja angegeben.« Heute früh war mein Wiener sehr viel geschmeidiger und sprach nur von der großen Praxis, die mich in Wien erwartet.

Ich habe sowohl vom Buchhändler wie von Kassowitz wieder Brief. Ersterer sehr viel höflicher. Kassowitz schreibt nur, um zu sagen, daß er mich bei der Wahl Breslau oder Berlin nicht beeinflussen will, nur daß ich im letzteren Falle nichts von unseren Beziehungen sagen soll, weil er mit den Berlinern schlecht steht. Ich bin sehr beschäftigt durch die Arbeit über den Fall, den mir Charcot gegeben hat. Unser Verkehr ist fortwährend sehr befriedigend.

Jetzt ist es aber Zeit, Deine Fragen zu beantworten, Liebchen. Über die Fonds des Unternehmens weiß ich nichts, ich glaube, es ist privat wie die andere Poliklinik und wird sich wohl durch freiwillige Beiträge zusammenklauben. Von einem Honorar als Abteilungsvorstand ist keine Rede, was der Stellung nichts schadet. Man ordiniert in einem dazu bestimmten Zimmer, in dem etwa noch ein elektrischer Apparat steht und ein, zwei Studenten als Gehilfen das Buch führen, zwei- bis dreimal in der Woche unentgeltlich, hat dabei Material und kann, wenn man Dozent ist, über das Material Kurse lesen, was wenn auch nicht gleich so doch im Winter geschehen soll. Verstehst Du jetzt? Der Hauptvorteil liegt einerseits im Material, andererseits im Namen als Spezialist, den man sich so erwirbt. – Von dem Onkel in Breslau habe ich Dir nie erzählt, weil ich nie an ihn denke. Ich habe ihn dreimal im Leben auf je eine Viertelstunde gesehen. Er ist ein etwas jüngerer Bruder des Vaters, ziemlich gewöhnlicher Mensch, Kaufmann, und seine Familie ist sehr traurig. Von vier Kindern ist nur eine Tochter gesund und in Polen verheiratet. Ein Sohn ist ein sogenannter Wasserkopf und schwachsinnig, ein anderer, der als junger Mensch etwas versprach, ist mit neunzehn Jahren wahnsinnig geworden, und eine Tochter mit zwanzig und einigen Jahren. Ich hatte an diese Persönlichkeit so völlig vergessen, daß ich mir die eigene Familie immer als eine nervös unschuldige vorgestellt habe. Aber seitdem ich an Breslau denke, ist es mir eingefallen, und ich kann auch die Tatsache, daß von den Söhnen des anderen – sehr unglücklichen – Onkels in Wien einer als Epileptiker gestorben ist, nicht mehr auf dessen Mutterseite schieben, sondern muß mir eine sehr anständige »neuropathologische Belastung«, wie man es heißt, zuerkennen. Zum Glück ist von uns sieben Geschwistern bis jetzt wenig der Art zu vermelden, außer daß wir – nebst Emanuel – Rosa und ich schönste Neigung zur Neurasthenie haben. Da ich selber Nervenarzt bin, fürchte ich mich vor den Geschichten ungefähr soviel, wie der Matrose vor dem Meer. Aber Du, mein Liebchen, siehst wohl ein, daß Du nervengesund bleiben mußt, wenn die drei Kinder, von denen Du so vorwitzig geträumt hast, gesund werden sollen. Und wenn Dir, Schatz, vor der Medizin recht graut, kann ich Dir's gar nicht übelnehmen, aber liebhaben sollst Du mich doch, und wenn wir bald heiraten, wollen wir doch sehr glücklich sein. Diese Geschichten sind so häufig in jüdischen Familien. Aber jetzt genug von der Medizin.

Das mit dem Geld ist eine einfache Geschichte. Die dreihundert Gulden, die mir von der Übersetzung bleiben, und die ich von Paneth vorausgenommen habe, waren für Jänner und Februar. Du siehst also, daß Reise und März anderswoher zu bestreiten sind. Das mit dem Buckel über Hamburg ist ganz richtig; aber soll ich Dich vielleicht nicht sehen wollen? Ich bleibe nur einen Tag, und für alle Menschen in Wien und Hamburg bin ich direkt gereist. Haben mich Eure Hoheit verstanden? Assian [21], der einzige, der meine Anwesenheit bemerken wird, wird mich wohl nicht verraten. Das Kleingeld ist eine sehr böse Sache, aber daß Sie, Prinzeßchen, einen Tag lang neben mir sitzen, eine sehr gute, und an dem Tag will ich weder Besuche machen noch zugeben, daß Sie was anderes tun, als mit mir plaudern.

Herzlichen Gruß und Kuß, mein Weibchen, ich schließe an einem anderen Tag, als ich begonnen habe, und morgen erwarte ich wieder Brief von Dir.

Dein Sigmund

Berlin, Mittwoch, 10. März 1886

Mein süßer Schatz

Was Du für merkwürdige Dinge jetzt erlebst und was für interessante Briefe Du schreiben kannst! Ich nehme herzlich Teil am Geschick der silbernen Schlange, und Deine Bemerkung über den Eindruck beim Empfang von Telegrammen ist eine wirklich glänzende. Zum Glück geht gar nichts davon hier vor. Ich werde mir die Freiheit nehmen, heute gerade ebenso langweilig zu sein wie gestern; kein Abenteuer bis jetzt, kein Glanz, kein éclat, wie wir in Paris zu haben pflegten. Ruhige Arbeit. Ich mache mich mit einer Art von Leidenschaft an die Übersetzung, weil ich fürchte, nicht fertig zu werden, eine gewiß grundlose Furcht. Heute vormittag habe ich mich soweit aufgerafft, ins königliche Museum zu gehen, wo ich die verschiedenen antiken Scherben flüchtig besehen habe, mit lebhaftem Bedauern, nichts davon zu verstehen und mit einer Art von wehmütiger Erinnerung an das Louvre, das viel prächtiger und inhaltsreicher ist. Am interessantesten sind natürlich die pergamonischen Ausgrabungen, lauter Trümmer, die den Kampf der Götter mit den Giganten darstellen, intensiv bewegte Szenen. Man kann ja, wie mein Kollege Dr. Türkheim zu sagen pflegt, nicht immer Arzt sein. Mehr als die Steine sprechen mich aber die Kinder an, die ich schon wegen ihres Formats, und weil sie meist rein gewaschen sind, für ein anmutigeres Material halte, als die großen Ausgaben der Kranken sind. Die Dinger sind, wenn ihr Gehirnchen nur frei ist, wirklich reizend, und wenn sie leiden, so rührend. Ich glaube, ich würde mich rasch in die Kinderpraxis hineinfinden. Ein paar Monate Vorbereitung mehr könnte nichts schaden, aber daran ist nicht zu denken, mein toller Mut ist aufgezehrt. Wien drückt auf mich und vielleicht mehr, als gut ist. Ich sündige diesmal gegen meinen eigenen sonst treu eingehaltenen Vorsatz, sich nicht mit neuen Situationen zu quälen, ehe man drin steckt. Aber ich werd es noch durchführen und mich um gar nichts kümmern, ehe ich nicht den abscheulichen Turm von Sankt Stephan vor Augen sehe.

Und jetzt bin [ich] wieder ganz fertig mit meinem Schreibestoff und bitte Dich, sehr viel Nachsicht mit mir zu haben, ich kann Dich doch nicht in die Geheimnisse der Kinderkrankheiten einweihen, und selbst Baginsky[22] scheint mir kein so bedeutender Mann, daß ich Dir eine eingehende Schilderung von ihm entwerfen sollte. Im geheimen zähle ich die Tage, Du sollst aber noch nicht wissen, bei welcher Zahl ich bin.
Mit herzlichem Gruß und Kuß

Dein Sigmund

Berlin, Freitag, 19. März 1886

Mein süßer Schatz

Gar nichts Neues, ich ärgere mich, daß ich nicht unterwegs bin. Bis jetzt haben sie[23] mich in Ruhe gelassen, und ich habe mich am Ende vor einer ganz ungeladenen Pistole gefürchtet. Jetzt muß ich noch eine Woche schwitzen, aber dann kommen ein paar schöne Tage, vielleicht reise ich auch schon ohne Gefahr einer Schneeverwehung.

Ich bin so arbeitsam, geordnet, mutig und nüchtern, daß es mir selbst schon graut, wirklich nicht das allerleiseste Abenteuer. Was soll ich Dir anderes mitteilen, als daß ich einen Brief von L.[24] aus Breslau erhalten habe, dessen Inhalt ist, ich solle seine Schwägerin und einen Sanitätsrat, der auch mit ihm verwandt ist, besuchen. Nun, es muß ja geschehen. Eigentlich geize ich mit der Zeit, ich habe nie soviel Freude an der Arbeit gehabt. Mir ist von Charcot eine liebe erhebende Erinnerung geblieben, fast in ihrer Art so wie nach den zehn Tagen bei Dir. So etwas wie: hab ich doch was Schönes erlebt, was mir nicht mehr genommen werden kann. Mit den Kollegen verkehre ich immer selbstbewußter, geschickter, sachverständiger. Schade, daß ich nicht hier bleiben kann, die sogenannten Ferienkurse, die am Zweiundzwanzigsten beginnen, zu nehmen. Ach, mein kleines Liebchen, Du hast nur einen Fehler, daß Du keinen Treffer machen willst. Ich fühle mich jetzt so fähig, recht glücklich zu sein. Dann bleibe ich noch einige Wochen hier, besorge dann in Wien Wohnung, und wir heiraten noch in dem Frühling, und dann üben wir zusammen, was ich an Geschicklichkeit im Reisen in diesen sieben Monaten erworben habe. Schade um den schönen Traum. Und mich ärgern jetzt alle Küsse, die ich morgen und übermogen hätte haben können! Warte aber, diese beiden Tage werden Dir nicht geschenkt, und wenn Du schlimm bist, bleibe ich länger. Ein Retourbillet nach Hamburg gilt über fünf Tage.

Hoffentlich hat Dir Assian Samstag früh gratuliert. Er sollte meine Ankunft verkündigen, und als die zunichte wurde, wollte ich doch nicht darauf verzichten. Ob Du Dich wohl sehr gequält hast, von wem das Bouquet kommen mag? Und zu welchem Anlaß? Vielleicht von Hugo Kadisch[25], um einen versöhnlichen Abschluß alter Beziehungen herbeizuführen.

Auf die Drohung des hohen Besuches hin habe ich meinen aus der Form gekommenen französischen Bart – um den man mich übrigens hier allgemein beneidet – wollen zur Ordnung scheren lassen. Ich ging im begründeten Mißtrauen gegen Berliner Künste zum allerersten Friseur, ›Hoffriseur‹, Unter den Linden, zahlte eine Reichsmark, und der Kerl, der aussah wie ein Minister, hat mich schlecht behandelt. Ich finde das nicht schön.

Samstag oder Sonntag werde ich aus Verzweiflung wohl ins Theater gehen, aus graugrimmiger Verzweiflung. Nicht einmal die Bibliothek ist am Sonntag offen. Die Übersetzung ist zwar ein schönes Sonntagsvergnügen, aber ich bin schon ganz dumm, ich weiß nicht mehr, wie man die Worte schreibt, wie man die verschiedenen Nebensätze einrenkt, mir klingt nichts mehr deutsch und nichts mehr französisch.

»In meinem Frankreich war's doch schöner«, seufze ich als Maria Stuart[26] unter den Neuropathologen.

In der Kunst, sich herumzukriegen, bringt es der Mensch doch weit. Ich glaube, ich wäre auf der Reise gestorben, wenn ich von Paris direkt hätte nach Wien gehen müssen. Jetzt bin ich so weit, daß ich mich auf Wien freue, nämlich auf eines, auf die Stunden, wo ich in Döbling in Obersteiners lieber Bibliothek sitze, um dort meine Arbeit fertig zu kriegen.

Weißt Du, was mir dieser Tage mit großer Klarheit vor die Augen des Geistes getreten ist? Daß ich tausend oder zweitausend Gulden haben muß, wenn es sich irgendwie menschlich in Wien anläßt, und daß man, um die zu haben, zu Leuten gehen muß, denen man Prozente dafür zahlt. Aber natürlich nicht zu Wucherern. Wo findet man so halb uneigennützige Kapitalisten, die einem Geld leihen auf gewöhnliche Zinsen ohne andere Sicherstellung als einen menschlichen Kopf mit zwei Händen? Das ist aber das große Problem, was gelöst werden muß, aber nicht gleich, nach Monaten, wenn meine jetzigen ärmlichen tausend Gulden zu Ende sind.

Nun, es sind größere Umwälzungen in der Welt vor sich gegangen, als daß ein Mensch, der jetzt nichts hat, später einige tausend Gulden bekommt. Ich habe schrecklich wenig Furcht vor allem, was kommen will. Jedenfalls, und das steht obenan unter den Errungenschaften dieser Wanderzeit, am 15. Juni 87 komme ich wie mit einem verfallenen Wechsel Dich abzuholen, wenn's nicht früher gegangen ist. Hast Du Dir auch recht fest vorgenommen, mein kleines Mädchen, dann bereit zu sein? Antwort mündlich Ende des Monats an

Deinen Sigmund

Wien, Donnerstag, 6. Mai 1886

Mein süßes Mädchen

Herzlichen Dank für Deinen lieben Brief und die angekündigte Sendung[27], deren Inhalt ich so sicher kannte, als wäre ich beim Einkauf dabeigewesen. Du weißt, eine Clythia habe ich mir immer gewünscht, und ich weiß, daß Du es wußtest. Nur, daß Du Dein Geschenk entschuldigst, Teure, ist so überflüssig und möchte mich veranlassen, mich sehr zu schämen, wenn ich bedenke, daß ich jetzt Dein Schuldner geworden bin, anstatt es Dir im Schenken gleichzutun.

Ich bin wirklich schon so alt geworden, wie Du weißt, und wir wissen kurz vor dem vierten Jahrestag unserer Verlobung noch immer nicht, wann sich ein Zustand verwirklichen wird, den wir uns so oft ausgemalt haben. Wenn aber noch eben so ferne vom Ziele, so sind wir doch weniger entfernt von der Gewißheit. In wenigen Wochen ist mein Geld – das ich noch nicht einmal behoben habe – zu Ende, und dann muß es sich ja zeigen, ob ich weiter in Wien leben kann. Ich will gerne hoffen, daß der nächste Geburtstag so ist, wie Du ihn schilderst, daß Du mich mit einem Kusse weckst und ich nicht auf den Brief von Dir warte. Es wäre mir schon recht gleichgültig, wo das geschieht, ob hier oder in Amerika, Australien oder sonstwo. Aber lange wollte ich nicht mehr ohne Dich sein. Ich kann ja viel Sorge und Arbeit ertragen, aber schon lange nicht mehr allein. Und im Vertrauen, meine Hoffnung, es in Wien aushalten zu können, ist sehr klein.

Ich schreibe am Abend weiter, Schatz. In der Ordination die beiden alten Patienten von Breuer, sonst nichts. Ich habe in der Regel fünf Personen in der Ordination: die zwei zum Elektrisieren, einen Gratis, einen Schnorrer und einen – Schadchen[28].

Dann kam die Gratulation: Pauli und Dolfi mit einem schönen Bürstenkästchen, von Mitzi ihr großes Bild und zwei Makart-Bouquets, die Mutter mit dem Kuchen und Rosa mit einem sehr schönen Fließpapierrahmen für den Schreibtisch. Schriftliche Gratulationen von den Willenz, Schani, Klinenberger[29] und Onkel Elias, dem ich dafür sehr intensiv zu danken bitte. Ich war also gefeiert wie ein Fürst, darf müde sein und gehe heute zeitlich zu Bette.

Das Arbeiten im Laboratorium macht mir viel Spaß. Zeit habe ich genug dazu. Sonst habe ich wieder einen therapeutischen Einfall, der demnächst versucht werden soll. Es ist aber fraglich, ob er soviel wert sein wird wie damals die Coca.

Gute Nacht, mein Weibchen. Auf nächstes Jahr!

Dein Sigmund

Mama und Minna schreibe ich morgen besonders.

Wien, Donnerstag, 13. Mai 1886

Mein geliebter Schatz

Ich kann Dir nicht mehr in der Ordination schreiben, denn es geht heiß zu. Ich habe ein Zimmer voller Leute und werde kaum bis drei Uhr fertig. Die Einnahmen sind noch nicht so glänzend, aber der Kranken, die mich in Anspruch nehmen, sind sehr viele. Von zahlenden Patienten habe ich allerdings nicht sehr viele. Frau Professor M., die mir viele Sorgen macht, die Ischias, die fast geheilt ist, und die zwei Polizeibeamten, die einmal in der Woche kommen. Morgen kommt T. Heute war zum Beispiel eine direkte Einnahme von acht Gulden und zwar drei von einem der Polizeibeamten und fünf wieder durch Breuer, der Frau Dr. K. herschickte, sich eine Aufklärung, was ihrem Mann wohltun würde, zu holen.

Wie ich bemerke, fallen Erwerb und Tätigkeit beim Arzt ganz auseinander. Man bekommt das Geld umsonst und plagt sich dafür anderwärts ganz ohne Ertrag. So kam vorgestern ein amerikanischer Arzt zu mir, der nervenkrank ist, und dessen komplizierter Fall mich so interessiert hat, daß ich ihn übernommen habe, ohne was davon zu haben. Sein Fall ist kompliziert durch sein Verhältnis zu seiner schönen und interessanten Frau, mit der ich also auch zu tun hatte und wegen welcher ich morgen zu Professor Chrobak[30] gehe. Ich bin zu müde, um Dir die heikeln Dinge näher zu beschreiben. Unheimlich war mir, daß während der beiden Male, da sie bei mir war, Dein Bild, das sich sonst nie rührt, vom Schreibtisch herunterfiel. Ich mag solche Andeutungen nicht, und wenn es einer Warnung bedurft hätte – es hat aber keiner bedurft!

Und da soll ein Arzt sparen! Ich schone jeden Gulden sonst, da werde ich gestern zu einem entfernten Bekannten in die Stadtgutgasse gerufen, natürlich kein Geld dafür, aber zwei Stunden im Tag verloren, da ich mir doch keinen Wagen nehmen kann. Heute wieder so, und wie ich nach Hause komme, finde ich eine dringende Aufforderung vor, neuerdings zu kommen. Jetzt muß ich natürlich einen Wagen nehmen, und was ich in drei Tagen am Nachtmahl erspare, geht so in einem Wagen auf.

Dienstag hielt ich einen Vortrag im Physiologischen Club über Hypnotismus, der sehr gut war und den allgemeinsten Beifall fand. Denselben Vortrag habe ich für heute in vierzehn Tagen im Psychiatrischen Verein angekündigt, und in der Gesellschaft der Ärzte komme ich in den nächsten drei Wochen zu einem anderen Vortrag über meine Pariser Erlebnisse. Der Kampf mit Wien ist also im bestem Gange, und wenn Du hier wärest, würde ich Dir mit einem Kuß sagen, daß ich die Hoffnung nicht aufgegeben habe, Dich in sechs Monaten mein Weibchen zu heißen.

Ich glaube, ich werde mir für die Gratispatienten und leichteren Elektrisierungen dreimal in der Woche eine zweite Ordination von drei bis vier Uhr einrichten müssen. Meine Position ist hier doch eine starke, wie ich aus manchen Zeichen merke.

Gute Nacht, mein süßer Schatz

Dein Sigmund

Was meinst Du wieder zu einem Kollektivgeschenk für Mama?

Anmerkungen

Fast allen hier veröffentlichten Briefen haben Originale oder deren Photokopien zugrunde gelegen; Orthographie und Interpunktion sind der heutigen Schreibweise angeglichen worden. Zusätze von der Hand des Herausgebers sind im Text durch eckige Klammern [ ], Weglassungen durch drei Punkte (…) gekennzeichnet. Die von Sigmund Freud gebrauchten Abkürzungen wurden jeweils aufgelöst. In einigen Briefen hat der Herausgeber an die Stelle des Personennamens die Chiffre N. N. gesetzt.

1882

1 Eli Bernays (1860–1922), Marthas Bruder; Ignaz Schönberg, ein Jugendfreund, war damals schon mit Marthas vier Jahre jüngerer Schwester Minna verlobt.

2 Ernst Wilhelm von Brücke (1819–1892), Professor der Physiologie an der Universität Wien, Direktor des Physiologischen Instituts.

3 Bezieht sich auf einen von Martha berichteten Traum.

4 Ernst von Fleischl-Marxow (1847–1891), Assistent am Physiologischen Institut.

5 Ein Brettspiel.

6 Michael Bernays (1834–1897), Professor der Literaturgeschichte an der Universität München.

7 Figur aus einem Gedicht von Christian Fürchtegott Gellert (1715–1769).

8 Max Mayer, früherer Verehrer Marthas.

9 Elias Philipp (1824–1894), Bruder von Marthas Mutter.

10 Dieser Brief ist in Hamburg geschrieben, anscheinend persönlich übergeben, daher ohne Anrede und Unterschrift.

11 Zitat aus ›Nathan der Weise‹ von Gotthold Ephraim Lessing (1729–1781).

12 Auf dem Gänsemarkt in Hamburg steht das Lessing-Denkmal.

13 Anspielung auf die Fabel von den drei Ringen in ›Nathan der Weise‹.

14 »Was ist ihm Hekuba« (Hamlett II, 2).

15 Jüdischer Fasttag, zur Erinnerung an die Zerstörung des Tempels in Jerusalem (586 vor Chr.).

16 Marthas Großvater, Isaac Bernays (1792–1849) war Rabbiner des ›Deutsch-Israelitischen Synagogenverbandes‹ an der Kohlhöfen Synagoge, die nicht mehr besteht.

17 Jacob Bernays (1824–1881), Professor der Klassischen Philologie in Breslau und Bonn.

18 Berman Bernays (1826–1879), Marthas Vater.
19 Freund von Freud und früherer Verehrer Marthas.
20 Hebräischer Segensspruch.
21 Das jüdische Neujahr, der Versöhnungstag und das Laubhüttenfest.
22 Goethe, Sonette IX, ›Die Liebende abermals‹.
23 Ohne Unterschrift – anscheinend persönlich übergeben.
24 Hofrat Professor Dr. Hermann Nothnagel (1841–1905), Vorstand der zweiten Medizinischen Klinik, Wien.
25 Professor Dr. Theodor H. Meynert (1833–1892), Gehirnanatom, Vorstand
   der Psychiatrischen Klinik, an der Freud arbeitete.
26 Professor Gustav Schwalbe (1844–1916), Anatom, schrieb 1881 ein Lehrbuch
   der Neurologie.

1883

1 Martha war zur Erholung in Düsternbrook, einem kleinen Ort in der Nähe
   von Kiel, und wohnte im Hause des Gärtners Bünsow.
2 Die Mutter Marthas hielt sich streng an die jüdischen Speisegesetze.
3 Dr. Josef Breuer (1842–1925), Wiener Physiologe und Internist.
4 Breuers Patientin, bekannt als Anna O. aus den ›Studien über Hysterie‹, von
   Breuer und Freud, Wien 1895 – Gesammelte Schriften I,3.
5 Verfahren, Hirnschnitte durch Erhärtung und Färbung mit Goldlösung zur
   mikroskopischen Untersuchung geeignet zu machen.
6 ›Orlando Furioso‹ (Der rasende Roland) von Lodovico Ariosto
   (1474–1533).
7 Marthas Geburtstag wurde nach jüdischem *und* christlichem Kalender gefeiert.
8 Zitat aus Goethes ›Faust‹, erster Teil, lautet richtig:
   »Ich fühle Mut, mich in die Welt zu wagen,
   Der Erde Weh, der Erde Glück zu tragen, ...«
9 Zitat aus ›Paradise Lost‹ von John Milton (1608–1674):
   »Laß uns prüfen,
   Ob Hoffnung neue Kräfte gibt, wo nicht,
   Welch ein Entschluß uns aus Verzweiflung kommt.« (I. Buch, Vers 190/
   191).
10 Eine Reise zu der von Freud nicht geschätzten Freundin Elise, siehe auch Brief
   vom 5. Juli 1885.
11 Jakob Freud (1815–1896), Freuds Vater.
12 Der Buchhändler und Verleger Franz Deuticke, Wien.
13 Bezieht sich auf das Gedicht ›Der Asra‹ von Heinrich Heine (1797–1856).
14 Schönberg war an Tuberkulose erkrankt.
15 Die Schwestern Freuds, Pauline (1864–1942) und Adolfine (1862–1942).
16 Dr. Nathan Weiß (1851–1883), Assistent an der Neurologischen Klinik.

17 Wiener Stadtbezirk.

18 Dr. Sigmund Lustgarten (1857–1911), Assistent am Chemischen Institut.

19 Anton Alexander Graf Auersperg (1806–1876), österreichischer Dichter, schrieb unter dem Pseudonym Anastasius Grün.

20 Die einzige Tochter Hammerschlags. Freud hat seiner jüngsten Tochter ihren Namen gegeben.

21 Todesanzeige.

22 Bezieht sich auf den Roman ›Ekkehard‹ von Josef Viktor von Scheffel (1826–1886).

23 Professor Robert Koch (1843–1910), entdeckte im Jahre 1881 den Tuberkelbazillus.

24 Dr. Benedikt Stilling (1810–1879), deutscher Anatom und Chirurg, Begründer der Lehre vom vasomotorischen Nervensystem.

25 Mathilde Breuer (1846–1931), Frau Josef Breuers.

26 Anspielung auf das Gedicht Heines, das Hegel ironisiert (›Buch der Lieder‹, Die Heimkehr, 1823–1824, Nr. 58):
»Mit seinen Nachtmützen und Schlafrockfetzen
Stopft er die Lücken des Weltenbaus.«
Freud zitiert diese Zeile später in seiner ›Neuen Folge der Vorlesungen zur Einführung in die Psychoanalyse (1932) – Gesammelte Werke XV, 173.

27 Steht auf der Rückseite des Briefumschlags.

28 Samuel Hammerschlag (gestorben 1904) war Freuds Religionslehrer im Gymnasium und sein väterlicher Freund.

29 John Stuart Mill (1806–1873), englischer Philosoph und Nationalökonom.

30 Georg Brandes (Georg M. Cohen, 1842–1927), dänischer Literaturhistoriker und Kritiker.

31 Hofrat Theodor Gomperz (1832–1912), Professor für Klassische Philologie an der Universität Wien.

32 Der Halbbruder Emanuel Freud (1834–1915), der in Manchester lebte.

33 Im Allgemeinen Krankenhaus zu Wien, wo Freud wohnte.

34 Verwandte von Hammerschlag.

35 Philipp Freud (1838–1912), der jüngere der in England lebenden Halbbrüder.

36 Betty Hammerschlag, Frau von Freuds Religionslehrer und Freund.

1884

1 Der Wille der Mutter.

2 Jüdische Redensart: einem reichen Mann Geld abknöpfen.

3 Die Familie Freud.

4 Freuds Schwester Rosa (1860–1942), später verheiratet mit Dr. Heinrich Graf.

5 Vgl. dazu Brief vom 16. September 1883, Anmerkung 20.

6 Dr. Ernst Ludwig (1842–1915), Professor der Chemie an der Universität Wien.
7 Nathan Weiß, siehe auch Brief vom 16. September 1883.
8 Scherzhafte Bezeichnung für die Kusinen Wolff.
9 Von Charles Dickens (1812–1870).
10 Dr. L. Darkschewitsch, dem Freud später in Paris wieder begegnete.
11 Vorort von Wien.
12 Dr. I. Rosanes (1857–1922), Chirurg, Direktor des Stephaniespitals in Wien.
13 Freuds älteste Schwester (1858–1955), später mit Eli Bernays verheiratet.
14 Dr. Karl Wilhelm von Kupffer (1829–1902), Professor der Anatomie an der Universität Wien.
15 Wahrscheinlich ›Die Struktur der Elemente des Nervensystems‹ 1884, Zentralblatt für Psychiatrische Neurologie 5, Heft 3, 221.
16 Im Hinblick auf eine eventuelle Niederlassung in der Provinz.
17 Dr. Karl Bettelheim (1840–1895), Dozent für innere Medizin, mit dem Freud Studien über den Einfluß der Elektrizität auf das Nervensystem machte.
18 ›Über Coca‹, Zentralblatt für gesamte Therapie, 2, 289.
19 Siehe auch Brief vom 14. Februar 1884, Anmerkung 15.
20 Breuer hatte Freud die gut bezahlte Stellung als Reisebegleiter eines Patienten für mehrere Monate angeboten.
21 Der Haupteingang zum Allgemeinen Krankenhaus war in der Alserstraße.

1885

1 Dr. Carl Koller (1858–1944), bekannt durch die erstmalige Anwendung von Cocain bei Augenoperationen.
2 George Eliot (Mary-Ann Evans, 1819–1880), englische Schriftstellerin.
3 Dr. Joseph Weinlechner (1829–1906), Professor der Chirurgie an der Universität Wien.
4 Dr. Josef Standhartner (1818–1892), Professor an der Universität Wien.
5 Vgl. dazu Brief vom 19. April 1884, Anmerkung 17.
6 Dr. Heinrich von Bamberger (1822–1888), Professor der speziellen Pathologie und Therapie an den Universitäten Würzburg und Wien.
7 Bewerbung um die Stelle als erster Sekundararzt.
8 Freud war an einer leichten Form von Pocken erkrankt.
9 Die Professoren Max Leidesdorf (1818–1889), Vorstand der Psychiatrischen Klinik, und Pollitzer hatten zugesagt, bei der Entscheidung über die Verleihung des Reisestipendiums nach Paris für Freud zu stimmen.
10 Herrenschneider, der mit der Familie Bernays befreundet war.
11 Zustimmung zur Festsetzung eines Termins für die Hochzeit.

12 Der Physiologische Club.

13 Professor Dr. Heinrich Obersteiner (1847–1922), Psychiater und Direktor der Nervenheilanstalt Oberdöbling.

14 Scherzhafte Erwiderung auf Marthas Bemerkung, sie müsse »zu Kreuze kriechen«.

15 Dr. Leopold Ritter von Dittel (1815–1898), Professor der Chirurgie, Spezialfach Urologie, an der Universität Wien.

16 Die Entscheidungen über das Kolloquium und das Reisestipendium.

17 Heinrich von Haymerle (1828–1881), Minister des Äußeren.

18 Sigmund Ritter von Exner (1846–1926), Professor der Physiologie an der Universität Wien, später (1891) Nachfolger von Brücke und Fachreferent im Unterrichtsministerium.

19 Tochter des Halbbruders Emanuel.

20 Zur Erlangung der Dozentur war es nötig, eine Probevorlesung zu halten.

21 Das Stipendium betrug sechshundert Gulden.

22 Gemeint ist eine Begebenheit aus dem Märchen ›Klein Zaches, genannt Zinnober‹.

23 Es war geplant, daß Freud Fleischl als Arzt nach St. Gilgen begleiten sollte.

24 Intime Freundin Marthas.

25 Moritz Freud, ein Vetter, später verheiratet mit Freuds Schwester Marie (Mitzi, 1861–1942).

26 Schönbergs Bruder.

27 Jean Martin Charcot (1825–1893), Professor der Pathologischen Anatomie und Leiter der Klinik für Nervenkrankheiten an der Salpêtrière, berühmter Neurologe, besonders durch seine Arbeiten über Hysterie bekannt.

28 John Philipp, Maler, ein Vetter Marthas.

29 Die Brüder Benoit Constant (1841–1909) und Alexandre (1848–1909) Coquelin, berühmte französische Schauspieler.

30 Freuds Schwester Marie, die damals eine Stelle als Gouvernante angenommen hatte.

31 ›Die Familie Mendelssohn 1729–1847‹ von Sebastian Hensel, Berlin 1879.

32 Pierre Marie (1853–1940), Assistent Charcots, später sein Nachfolger an der Salpêtrière.

33 Dr. Moritz Benedikt (1835–1920), Professor der Neurologie an der Universität Wien, Vorstand der Neurologischen Klinik.

34 Marthas Vettern Julius und John Philipp.

35 Französische Tragödin (1843–1923).

36 Victorien Sardou (1831–1908), französischer Bühnenautor.

37 Heldin des Dramas ›Hernani ou l'honneur Castillan‹ von Victor Hugo (1802–1885).

38 Russischer Arzt, Leibarzt des Zaren.

39 François-Marie Hallopeau (1842–1919), Professor der Dermatologie, Paris.

40 Reinmachefrau im Bernaysschen Haushalt in Wandsbek.

41 Dr. Ricchetti hatte seine Praxis in Venedig. Freud traf ihn später wieder in Paris.

42 Der Plan zu diesem Buch wurde später aufgegeben.

43 Gemeint ist natürlich Paris.

1886

1 Ricchetti ließ sich gern von dem unbemittelten Darkschewitsch unterweisen.

2 ›Über die Beziehung des Strickkörpers zum Hinterstrang und Hinterstrangskern nebst Bemerkungen über zwei Felder der Oblongata‹, Neurologisches Zentralblatt 5, Nr. 6,121.

3 Ein Vetter Marthas.

4 Schlußrock (von riding coat abgeleitet).

5 Paul Camille Hyppolite Brouardel (1836–1907), Professor für gerichtliche Medizin, später lange Zeit Doyen der Medizinischen Fakultät, Paris.

6 Professor Raphaël Lépine (1840–1919), Mitglied der Französischen Akademie der Wissenschaften.

7 Giles de la Tourette (1857–1904).

8 Edmé-Félix-Alfred Vulpian (1826–1887), Professor in Paris.

9 Emile Toffano (1838–1920), italienischer Maler, dessen Bild ›Enfin seuls‹ (ausgestellt 1880 im Pariser Salon) in Reproduktionen weit verbreitet war.

10 Siehe auch Brief vom 12. Dezember 1885, Anmerkung 42.

11 Professor Joseph-François Felix Babinski (1857–1932), Assistent Charcots.

12 Honorarforderungen an den Wiener Verleger für die Übersetzung von Charcots ›Neue Vorlesungen über die Krankheiten des Nervensystems, insbesondere über Hysterie‹, die Freud übersetzt und mit einem Vorwort und mit Anmerkungen versehen hatte (erschienen Wien, 1886).

13 Man hatte Freud die Leitung der Neurologischen Abteilung am Ersten öffentlichen Kinderkrankeninstitut in Wien unter Dr. Max Kassowitz (1842–1913), Professor der Kinderheilkunde an der Universität Wien, angeboten.

14 Claude Bernard (1813–1878), Professor der Physiologie, Paris.

15 Charles Robert Richet (1850–1933), Charcots erster Assistent.

16 Emmanuel Arêne (1856–1908), Journalist.

17 Louis Antoine Ranvier (1835–1922), Professor der Anatomie, Paris, Mitglied der Französischen Akademie der Wissenschaften.

18 Marie Alfred Cornu (1840–1902), Professor der Physik, Paris, stellte Untersuchungen über die Lichtgeschwindigkeit und das ultraviolette Spektrum an.

19 Dr. Wilhelm Winternitz (1834–1917), Direktor der Wasserheilanstalt Kaltenleutgeben bei Wien.

20 Dr. Hermann Knapp (1832–1911).

21 Blumenhändler in Wandsbek.

22 Dr. Adolf Baginsky (1843–1918), Professor der Kinderheilkunde und Direktor des Kaiser-Friedrich-Krankenhauses in Berlin.

23 Verwandte Marthas, deren Besuch in Berlin angekündigt war.

24 Vermutlich Professor Lichtheim, Hammerschlags Schwiegersohn.

25 Früherer Bewerber Marthas, Freund ihres Vaters.

26 Das Zitat aus Schillers ›Don Carlos‹ I, 6 lautet richtig: »In meinem Frankreich war's doch anders.«

27 Geschenke zum dreißigsten Geburtstag.

28 Ein jüdischer Heiratsvermittler.

29 Verwandte mütterlicherseits und der Bruder Alexander Freud (1866–1943).

30 Dr. Rudolf Chrobak (1843–1910), Professor für Gynäkologie an der Universität Wien.

Verzeichnis der Abbildungen

(Nr. 4, 7, 10 stammen aus dem Bildarchiv der Österreichischen National-
bibliothek, Wien; alle anderen stammen aus Familienbesitz.)

Bitte umblättern:

Neuausgabe
Sigmund Freud Studienausgabe
in zehn Bänden mit Ergänzungsband und Konkordanz

Herausgegeben von
Alexander Mitscherlich · Angela Richards · James Strachey †
Mitherausgeber des Ergänzungsbandes
Ilse Grubrich-Simitis

Ziel dieser Ausgabe ist es, vor allem den Studenten der an die Psychoanalyse angrenzenden Disziplinen – Soziologen, Sozialpsychologen, Anthropologen, Pädagogen, Kriminologen usw. –, aber auch dem Nichtfachmann die Hauptwerke Freuds in leicht zugänglicher, thematischer Anordnung vorzulegen.

Dies ist die erste kommentierte deutsche Freud-Ausgabe. Der umfangreiche editorische Apparat beruht auf der Lebensarbeit von James Strachey, dem Herausgeber der englischen ›Standard Edition of the Complete Psychological Works of Sigmund Freud‹, der bis zu seinem Tode an den Vorbereitungen mitwirkte.

Alle Schriften Freuds sind mit editorischen Vorbemerkungen und zahlreichen Fußnoten versehen. Sie unterrichten den Leser u. a. über Entstehungszeit und -umstände des betreffenden Werkes, informieren über Textveränderungen bei früheren Neuauflagen, erläutern Freuds unzählige historische und literarische Anspielungen, machen auf Parallelstellen aufmerksam, wenn Freud ein und dasselbe Thema in unterschiedlichen Zusammenhängen und in verschiedenen Perioden seines langen Forscherlebens behandelte.

Jeder Band ist mit vielen Querverweisen, Bibliographie, Abkürzungsliste, ausführlichem Namen- und Sachregister sowie einem Gesamtinhaltsplan der Studienausgabe ausgestattet. Einige Bände enthalten zusätzlich spezielle Register, Anhänge zum besseren historischen und systematischen Verständnis sowie Abbildungen und Reproduktionen auf Kunstdrucktafeln.

Pressestimmen:

»Die Leser der neuen Studienausgabe haben uns Älteren gegenüber einen ungeheuren Vorteil. Die Bände sind vorzüglich kommentiert.«
Frankfurter Rundschau
»Ein Freud für alle. Diese Ausgabe ist wirklich eine Tat.«
Kölner Stadtanzeiger

Fischer Taschenbuch Verlag

Neuausgabe
Sigmund Freud Studienausgabe
in zehn Bänden mit Ergänzungsband und Konkordanz

**Jetzt als Taschenbuch in der Reihe ›Fischer Wissenschaft‹
in Einzelausgaben oder komplett als Kassette lieferbar**

Fischer Taschenbuch Verlag

Sigmund Freud
Einzelbände im Taschenbuch

Fischer Taschenbuch Verlag